SER HUMANO
MANUAL DO USUÁRIO

ANDRÉ RABELO

SER HUMANO
MANUAL DO USUÁRIO

AS ORIGENS, OS DESEJOS E O SENTIDO
DA EXISTÊNCIA HUMANA

PAIDÓS

Copyright © André Rabelo, 2021
Copyright © Editora Planeta do Brasil, 2021
Todos os direitos reservados

Preparação: Alice Ramos
Revisão: Fernanda Guerriero Antunes e Amanda Moura
Projeto gráfico e diagramação: 3Pontos Apoio Editorial Ltda
Capa: Filipa Damião Pinto | Foresti Design
Ilustração de capa e miolo: Pedro Francisco

Dados Internacionais de Catalogação na Publicação (CIP)
Angélica Ilacqua CRB-8/7057

> Rabelo, André
>   Ser humano: manual do usuário – as origens, os desejos e o sentido da existência humana /André Rabelo. – São Paulo: Planeta, 2021.
>   272 p.
>
>   Bibliografia
>   ISBN 978-65-5535-517-8
>
>   1. Psicologia 2. Comportamento humano I. Título
>
> 21-37000   CDD 158.1

Índice para catálogo sistemático:

1. Psicologia

Ao escolher este livro, você está apoiando o manejo responsável das florestas do mundo

2021
Todos os direitos desta edição reservados à
EDITORA PLANETA DO BRASIL LTDA.
Rua Bela Cintra, 986 – 4º andar
01415-002 – Consolação – São Paulo-SP
www.planetadelivros.com.br
faleconosco@editoraplaneta.com.br

Sumário

Introdução 9
    De onde veio a minha paixão pela psicologia
    (e pelos livros) 12

1. De onde vieram e o que são os seres humanos? 18
    Quando e como os seres humanos surgiram? 21
    Um cérebro antigo em um mundo novo 28
    A vida em grupo e o problema do trapaceiro 36
    Coevolução gene-cultura 41
    O que nos diferencia dos outros seres vivos? 44

2. O que os seres humanos desejam? 50
    Vínculo 52
    Controle 58
    Compreensão 65
    Autoestima positiva 69
    Sentido na vida 76
    Necessidades em conflito 87

3. Posso confiar em seres humanos? 92
    Aquela que tem as pernas curtas 94
    Como pescar um mentiroso 96
    Emoções e microexpressões 99

Ciúme 103
Comunicação empática.. 108
A primeira impressão é a que fica?............................ 112
Paranoia, zumbis e grupos.. 116
Moralidade, religiões e traições.................................. 120
Política, desonestidade e poder.................................. 125
Trapaceiros, desumanização e psicopatia 129
E aí, é para confiar ou não? 133

4. Posso confiar em mim mesmo?.................................140
   A percepção é limitada 142
   A atenção é limitada 147
   A memória é limitada... 150
   O pensamento é limitado.. 153
   Crenças são limitadas 159
   O potencial de mudar é abundante 167
   O potencial de criar é abundante 173
   O potencial de superar dificuldades é abundante..... 178
   O potencial de ver sentido na vida é abundante ... 181
   O potencial para a humildade é abundante 183

5. Como tornar os seres humanos mais felizes?............186
   Os segredos da felicidade... 188

Automonitoramento 196
Assertividade 200
Estilo de vida saudável 204
Meditação 212
Autocrítica e autocompaixão 214
Um tipo especial de ser humano 217
Um ser humano especial 222

Agradecimentos 229

Referências 233

Introdução

Para você, é fácil ou difícil conviver com outros seres humanos? Talvez você ainda não saiba, mas a psicologia pode ajudar a melhorar muitos aspectos de sua vida, inclusive a sua relação com as outras pessoas e com você mesmo. Meu nome é André Rabelo e peço licença para começar a nossa conversa apresentando a minha formação a você: sou psicólogo, mestre e doutor em Psicologia, e divulgador científico há mais de dez anos.

O conteúdo que vou compartilhar com você está embasado na ciência a qual tenho me dedicado a conhecer, e a construir em algum nível, pelos últimos anos: a psicologia. Ela é a área que investiga a mente e o comportamento humano. Eu sou apaixonado por ela e, se o meu plano der certo, no fim desta leitura, você também será!

Todo ser humano em algum momento da vida sentirá alguma dificuldade para entender ou conviver com as outras pessoas – ou consigo. Se você se identifica com isso, então este livro foi feito para você!

O primeiro passo para uma convivência mais harmoniosa com os outros é conhecer mais sobre a origem da nossa espécie (capítulo 1). Para isso, é necessário entender o processo complexo que nos trouxe até aqui e quais são as consequências dele que nos afetam até hoje. Isso ajudará a compreender certas forças – muitas vezes não conscientes – que motivam nossos pensamentos, emoções e comportamentos (capítulo 2). Você vai entender melhor por que pode ser difícil lidar com críticas, sentir-se solitário, admitir erros, ficar totalmente satisfeito com a sua vida ou ter força de vontade quando se vivencia a depressão.

O terceiro passo envolve aprender um pouco sobre o quão confiáveis são os seres humanos (capítulo 3). Isso nos leva a discutir assuntos tão variados quanto mentiras, emoções, ciúme, zumbis, religião, poder, política e desonestidade. Também vamos falar sobre o quão precisas são as suas capacidades mentais e os potenciais que toda pessoa tem para mudar e se adaptar melhor ao seu meio (capítulo 4).

Você conhecerá mais sobre alguns vieses cognitivos – por exemplo, o viés de confirmação – e o papel de diferentes processos cognitivos – como a memória –, para entender como a realidade é absorvida pelo cérebro humano e como a interação entre as pessoas acontece. Com tudo isso mais claro, poderemos explorar o que nos torna felizes e quais são alguns truques psicológicos baseados em evidências que podem nos ajudar a desfrutar melhor a vida (capítulo 5).

Este livro foi escrito para qualquer pessoa que tenha interesse na mente e no comportamento humano, mesmo que nunca tenha estudado nada sobre os assuntos que serão abordados aqui. Ele também pode ser interessante para quem é da psicologia, mas confesso que o escrevi pensando nas pessoas que ainda não são tão familiarizadas com ela. Por isso, utilizei uma linguagem mais coloquial, espontânea, que se aproximasse da linguagem falada e que fugisse, sempre que possível, das formalidades envolvidas no mundo acadêmico, a não ser obviamente na hora de falar de algum dos principais conceitos que exploro nestas páginas, tais como depressão, criatividade e dissonância cognitiva, por exemplo.

Esta obra oferece uma outra abordagem de apresentação da psicologia, que tem como principais objetivos: 1) instigar a curiosidade de pessoas que não são da área através de uma linguagem mais leve; 2) compartilhar alguns dos conhecimentos mais interessantes da psicologia (de acordo com a minha visão); 3) e ensinar coisas úteis para se viver uma vida melhor.

Os primeiros capítulos trazem alguns conceitos básicos, como evolução, trapaceiros, emoções, crenças e transtornos mentais, que vão ajudar você a entender várias ideias que eu descrevo depois. Por isso, recomendo que a leitura seja feita seguindo exatamente a ordem dos capítulos propostos. Cada capítulo começa com a resposta a uma pergunta principal sobre o tema, seguido de outra resposta estendida na qual eu aproveito para explicar várias informações que estão relacionadas de forma próxima (ou um pouco mais distante) àquela pergunta "motivadora" que está no título de cada capítulo. Eu tentei ser espontâneo como seria se estivéssemos conversando em uma mesa de bar, e espero que goste disso!

Os conteúdos que vou lhe apresentar neste livro se baseiam no conhecimento científico mais atualizado que eu pude encontrar da psicologia, das ciências sociais, da biologia, da neurociência e de outras áreas do conhecimento. Utilizei como base muitos livros, matérias jornalísticas e artigos acadêmicos publicados nos principais periódicos científicos ao redor do mundo. Toda a pesquisa está disponível na sessão "Referências", em que há comentários breves sobre o caráter mais técnico de cada assunto, como as áreas da psicologia envolvidas nos tópicos trabalhados no capítulo.

Com o intuito de facilitar o estudo individual aprofundado, há algumas dicas de termos e palavras-chave importantes para encontrar na internet mais informações sobre alguns dos principais temas abordados. Também é possível encontrar essa mesma lista de referências acessando a página www.minutospsiquicos.com.br.

De onde veio a minha paixão pela psicologia (e pelos livros)

Eu sempre fui uma criança muito curiosa e inconformada com coisas que não entendia, como os comportamentos das pessoas. Convenhamos que algumas coisas que as pessoas fazem são difíceis de entender. Na adolescência, conheci mais a fundo a filosofia lendo livros como *O mundo de Sofia* (1991), de Jostein Gaarder – o qual é maravilhoso – e algum livro sobre Voltaire que tinha na biblioteca da minha escola. Lembro-me de, no começo, ler um pouquinho dele todo dia no ônibus enquanto voltava para a casa e, depois de pouco tempo, lê-lo durante todo o trajeto que precisava andar da parada de ônibus até minha casa (que durava uns vinte minutos). Não conseguia parar de ler. Não lembro o nome livro, mas ele mexeu muito comigo. Acho que, àquela altura, a pulga atrás da orelha, a do pensamento crítico, já tinha grudado em mim para sempre.

O livro que mudou de forma mais radical a minha vida foi *O mundo assombrado pelos demônios* (1995), de Carl Sagan e Ann Druyan. Ali ficou claro para mim que eu gostaria de me tornar um cientista e que eu deveria ajudar a ciência a chegar ao máximo número de pessoas que fosse possível.

Depois de ler esses e alguns outros livros, foi como se eu estivesse saindo da Matrix e finalmente começando a entender as coisas à minha volta. Inclusive, *Matrix* é o meu filme favorito e eu me lembro de ficar pensativo ao ouvir aquela clássica fala da personagem Morpheus: "O que é real? Como você define o 'real'? Se você está falando sobre o que você pode sentir, o que você pode cheirar, o que você pode saborear e ver, o real são simplesmente sinais elétricos interpretados pelo seu cérebro". Ouvir isso pela primeira vez foi incrível, e continuou sendo em todas as outras vezes em que eu revi esse filme maravilhoso.

Esse mergulho no conhecimento se aprofundou mais ainda depois que iniciei o curso de graduação em Psicologia na Universidade de Brasília (UnB), em 2008, e mais ainda ao alcançar os títulos de mestre e doutor em sequência. Nunca mais enxerguei a mim nem as outras pessoas ou a realidade da mesma forma, pois agora vejo tudo através das lentes da ciência. Essa perspectiva permite que eu conheça um mundo de processos complexos que influenciam as pessoas rotineiramente e que, em geral, mal conseguimos notar.

A cada novo artigo científico ou livro que leio, posso perceber algo no meu cotidiano que antes me passava despercebido. A partir disso, posso mudar algum comportamento meu. Posso ter melhores condições para cuidar de mim mesmo, tratar melhor os outros, enxergar injustiças que eram invisíveis para mim, e parar de repetir tantas vezes um mesmo erro (ou continuar repetindo, mas de maneira consciente, vislumbrando uma mudança no futuro). Esse é o tipo de poder que um livro pode oferecer – o de nos modificar para sempre. Os livros me ajudaram a expandir a minha mente e a entender melhor o sentido da minha vida. Eles me trouxeram até aqui, nestas páginas, nas quais espero compartilhar com você informações valiosas sobre o porquê de agirmos do jeito que agimos.

Nesses 140 anos de existência, desde que a psicologia se estabeleceu como uma área da ciência na Alemanha, graças a um cientista chamado Wilhelm Wundt, muitas descobertas sobre a mente humana já foram feitas. Existem conhecimentos extremamente úteis e que, se sabiamente usados, podem tornar nossa vida mil vezes melhor! Infelizmente, muitas pessoas ainda não conhecem o que a psicologia tem a proporcionar. E é por isso que este livro se tornou a minha pequena tentativa de amenizar essa situação e incentivar mais brasileiros a conhecerem e aplicarem no cotidiano os conhecimentos científicos que a psicologia tem produzido.

Para isso acontecer, ao longo do livro darei algumas dicas práticas. Entretanto, é sempre bom ter algo em mente toda vez que se deparar com algumas delas: o comportamento humano costuma ser influenciado por muitos fatores ao mesmo tempo! Desse modo, nem todas as dicas podem funcionar para todas as pessoas, independentemente da sua situação. Por mais que alguns livros de autoajuda e palestrantes motivacionais tentem te convencer de que possuem soluções revolucionárias para os seus problemas, não existe solução que vá funcionar perfeitamente para todo mundo.

Algumas dicas podem ser úteis para muitas pessoas em diversas situações – e geralmente serão nelas que me focarei –, mas sempre haverá situações nas quais essas soluções não se aplicam tão fácil e claramente a você. Pessoas com depressão, por exemplo, podem ter uma enorme dificuldade de seguir a mais simples das dicas por causa de sua típica falta de energia e motivação. É aí que o bom senso precisa entrar em cena para avaliar até que ponto o que eu sugeri faz sentido para a sua situação atual ou se não seria melhor tomar outras medidas antes.

Adoraria saber o que você achou do livro, então, por favor, conte-me quais foram as suas impressões pelo e-mail contato@minutospsiquicos.com.br! Dito isso, vamos começar logo a bater o nosso papo, porque tenho muita coisa para lhe contar!

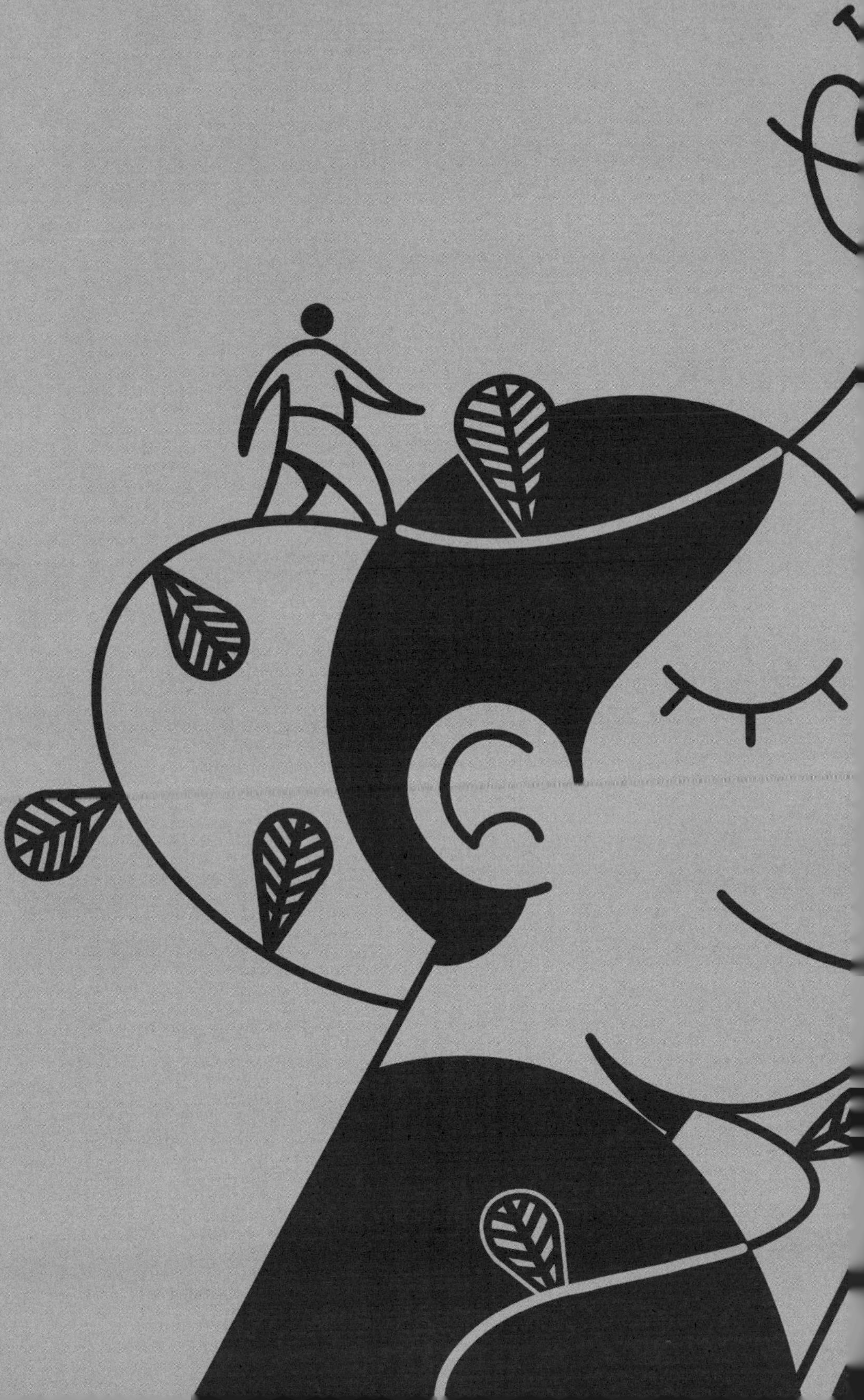

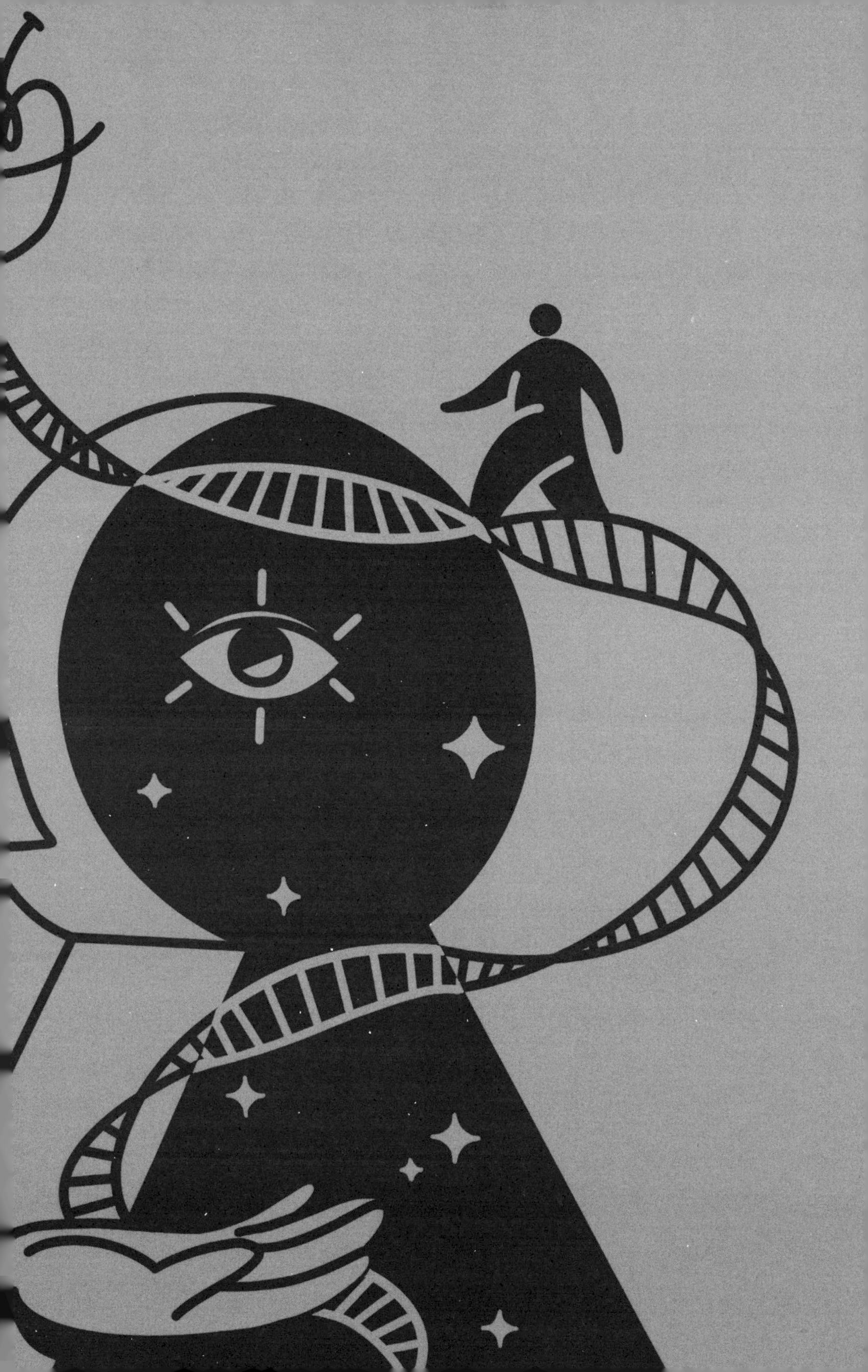

CAPÍTULO 1

De onde vieram e o que são os seres humanos?

Resposta breve: os seres humanos são uma espécie de ser vivo conhecida como *Homo sapiens*, a qual provavelmente surgiu na África Oriental a partir do *Homo heidelbergensis*, há cerca de trezentos mil anos.

Resposta detalhada: os seres humanos fazem parte de uma espécie de ser vivo que chamamos de *Homo sapiens* e que, de agora em diante, no contexto deste livro, vou chamar só por ser humano. As instruções genéticas de como criar um ser vivo como nós estão contidas no nosso DNA, sendo que o DNA mais antigo já rastreado pertencia ao nosso "último ancestral universal comum" (que podemos chamar carinhosamente de UAU, afinal, é impressionante que alguém tenha dado origem a todas as formas de vida em um planeta). Ele foi um ser bem pequeno que se assemelhava às bactérias de hoje em dia. A espécie humana é apenas um dos muitos resultados de milhões de anos de evolução, ou seja, da mudança da vida no planeta Terra desde o surgimento do UAU.

Sempre fico pensativo quando paro para pensar que, no nível do DNA, somos muito parecidos com a maior parte dos mamíferos, mesmo que, na aparência externa, sejamos tão diferentes de um mico-leão-dourado, de um ornitorrinco ou de uma baleia-azul. Já parou para pensar nisso? Como DNAs parecidos podem ser capazes de fornecer as instruções genéticas para produzir formas de vida com características tão diferentes? É exatamente essa uma das magias dos genes que estão contidos no DNA – e eu acho isso fascinante.

A conclusão, ao olhar para os diferentes seres vivos desse ponto de vista, é de que todos são parentes distantes uns dos outros. Não estou falando só de todos os seres humanos, mas de todas as formas de vida do planeta Terra. Alguns seres vivos estão muito mais próximos do que outros em termos de descendência, mas basta você voltar no tempo o suficiente para identificar o ser vivo – por exemplo, o *Nyanzapithecus alesi* –, a partir do qual uma ramificação levou ao surgimento de uma espécie – *Pan troglodytes*, vulgo chimpanzé –, enquanto a outra resultou nos seres humanos.

Sempre que paro para pensar nisso, sinto algo muito profundo e difícil de expressar em palavras. É como se eu fizesse parte de algo muito maior do que a minha existência isolada do resto do mundo. Sinto que sou parte de um processo complexo e poderoso de expansão da vida no planeta Terra que tem ocorrido nos últimos milhões de anos. Eu e você somos privilegiados por fazer parte da espécie que parece ser a única capaz de tomar conhecimento pleno disso, de refletir sobre o que isso significa, de escrever poemas, de gravar músicas e de mudar drasticamente o próprio meio com base nas próprias necessidades. Esses elementos me trazem a esperança de que ainda é possível melhorar muitas coisas no mundo, por mais difícil e desoladora que a realidade às vezes possa parecer. O nosso potencial para mudar sempre está presente; e quem disser o contrário, para mim, não passa de um aspirante a leitor de bola de cristal.

Se o ser humano é a única espécie no universo com essas capacidades mais abstratas, não há como saber. É possível que haja espécies em outros planetas com capacidades semelhantes ou até muito mais desenvolvidas do que os habitantes da Terra. Mas, talvez, essa hipótese nunca seja confirmada devido aos enormes desafios envolvidos em uma viagem interestelar – por sinal,

Interestelar (2014) é um filme que vale a pena ver. Também não existe nenhuma evidência clara de que fomos visitados por alienígenas, sejam eles verdes, de cor cinza, olhudos, fluentes em inglês, ou que gostem de dar conselhos para a humanidade. Claro, assumindo que coisas como o ET Bilu não sejam consideradas visitas reais de alienígenas, e sim um exemplo de entretenimento *trash* que os brasileiros e os russos são capazes de produzir com tanta desenvoltura. Se o processo evolutivo que observamos na Terra for tão universal quanto parece, então é possível que a vida seja abundante e extremamente diversa no universo. Já a vida inteligente é mais difícil de prever com tanta certeza. Talvez o nível de inteligência que o ser humano exibe, embora não seja necessariamente único, seja bem menos comum. Vai saber?

Quando e como os seres humanos surgiram?

Considerando todo o tempo que já se passou desde o início do universo (cerca de 13,7 bilhões de anos), o ser humano existe há pouquíssimo tempo. Essa espécie é bem recente até mesmo em relação à história do planeta Terra, o qual surgiu cerca de 4,5 bilhões de anos atrás. Não é diferente em relação também à história da vida na Terra, que surgiu mais ou menos há 3,7 bilhões de anos. Os seres humanos semelhantes às pessoas de hoje em dia surgiram há cerca de apenas trezentos mil anos e se desenvolveram a partir dos efeitos de milhares de alterações no DNA, ocorridas ao longo de alguns milhares de anos. Tudo isso repercutiu na anatomia, na fisiologia e no comportamento da espécie, diferenciando-a das demais.

Essas mudanças tinham dois principais ingredientes: o acaso e o ambiente. Não, eu não estou dizendo que nós surgimos por acaso e muita gente se confunde com isso. Na verdade, o acaso acontece no nível genético por meio das mutações. Trata-se de mudanças aleatórias que volta e meia ocorrem no DNA dos organismos e, geralmente, não fazem nenhuma diferença. É preciso lembrar que as mutações podem causar um belo estrago quando dão origem a um câncer, mas que algumas delas também podem trazer uma alteração vantajosa ao corpo do ser vivo. Por exemplo, as mutações são capazes de tornar um indivíduo um pouco menor, menos sociável, mais acinzentado ou mais rápido. A depender de onde ele vive, mesmo uma pequena mudança pode acabar aumentando consideravelmente a sua chance de sobreviver e se reproduzir em comparação a outros membros da espécie.

Quando isso acontece, provavelmente essa nova característica se fará mais presente nas gerações seguintes. E, se for muito vantajosa, pode se tornar mais comum nos futuros membros daquela espécie. Esse fenômeno acontece por uma razão bem lógica: se a mutação aleatória impacta as chances de um organismo sobreviver e se reproduzir, a tendência é de que ele tenha mais descendentes, os quais também sobreviverão e se reproduzirão mais do que os outros. Desse modo, a frequência dos genes por trás dessa nova característica será afetada nas gerações futuras. Então, o ambiente, o segundo ingrediente que mencionei antes, surge. Na verdade, no nível biológico, o ambiente está mais intimamente ligado à seleção natural.

A seleção natural é o processo pelo qual a natureza exerce pressões ambientais sobre os seres vivos e, com isso, acaba selecionando seres com características que favorecem a sua capacidade reprodutiva e de sobrevivência. Entretanto, também existem outros processos biológicos que podem influenciar nos rumos de uma espécie, tais como a seleção sexual, a deriva genética e a migração.

Em relação aos efeitos da seleção natural, se o mundo fosse uma grande festa *open bar* e *open food*, por exemplo, sem predadores, epidemias, desastres naturais e com parceiros sexuais dispostos a se relacionar com qualquer um, o ambiente teria menos influência nos rumos da espécie. Neste cenário, as características dos membros da espécie não alterariam muito as suas chances de sobreviver ou de se reproduzir, já que todo mundo teria grandes chances de conseguir essas duas coisas.

Mas o mundo é exatamente o contrário para a maioria dos seres vivos, pois os recursos são escassos e a disputa por parceiros sexuais pode ser bem acirrada. Além disso, os predadores, as epidemias e os desastres naturais são comuns. Não é uma tarefa simples ser bem-sucedido em termos de sobrevivência e reprodução porque as circunstâncias sempre impõem restrições que podem favorecer mais alguns indivíduos do que outros. O ambiente pode oferecer mais vantagens reprodutivas àqueles com características cujas diferenças sejam mais úteis em um contexto. Essa é a parte da evolução que não ocorre devido ao acaso, por ser direcionada por pressões exercidas pelos ambientes nos quais os seres vivos perambulam.

O ambiente também pode influenciar uma espécie como a nossa por meio da cultura. Ela é a base sobre a qual as pessoas que convivem em um grupo organizarão suas vidas e desenvolverão suas expectativas, preferências, hábitos e comportamentos. O simples fato de você ter nascido no Brasil já influenciará muitas coisas na sua vida de um jeito diferente do que seria se tivesse nascido no Japão. Por exemplo, na nossa cultura – e em muitas outras – é cultivada a (ótima) ideia de que mulheres grávidas que fumam cigarro podem prejudicar o desenvolvimento do bebê. Algumas dessas mães se sentem motivadas a evitar esse comportamento, provavelmente evitando complicações como parto prematuro e até mesmo a morte do bebê. Até durante a gestação, as pessoas já são afetadas pela cultura local.

Depois do nascimento, todas as interações desenvolvidas, todos os conteúdos aos quais foi exposto, todos os rituais pelos quais passou e todas as ideias apresentadas vão transmitir partes da cultura para o cérebro de cada indivíduo. Se você tivesse nascido nos Estados Unidos e sua família decidisse que você não tomaria nenhuma vacina, você poderia ter desenvolvido sarampo. Essa doença, que já teria sido praticamente erradicada, traria uma série de complicações para você. Infelizmente, algumas crianças viveram isso nas últimas décadas por lá. Em uma mesma cultura, podem conviver ideias mais dominantes (vacinas são seguras) e menos dominantes (vacinas são perigosas), o que ilustra como a cultura pode nos afetar de várias maneiras.

É por causa desse jogo de influências entre o acaso e o ambiente que estamos aqui. Mas o que será que aconteceu entre o momento em que não havia seres humanos como nós na Terra e o momento no qual já estávamos vagando pelas savanas africanas? Como o acaso e o ambiente propiciaram essa transição? A explicação mais provável é de que a espécie humana surgiu a partir de outra, conhecida como *Homo heidelbergensis*, a qual, por sua vez, surgiu a partir do *Homo erectus*. Essa espécie, *Homo erectus*, viveu na Terra durante cerca de dois milhões de anos, ou seja, por muito mais tempo do que o ser humano moderno viveu até hoje. Ele foi capaz de dominar o fogo, andar de forma totalmente ereta e utilizar ferramentas para diferentes tarefas. Também foi a primeira espécie hominídea a se aventurar fora do continente africano e a migrar por diferentes regiões do oriente. A primeira *eurotrip* ocorreu apenas quando os *Homo heidelbergensis* resolveram passear por lá muito tempo depois que os *Homo erectus* e outras espécies de hominídeos já existiam. Também é possível que o ser humano tenha surgido a partir do próprio *Homo erectus*, mas tudo indica que o *Homo heidelbergensis* deu origem tanto aos descendentes da África Oriental quanto aos *Homo neanderthalensis* na Europa.

Apesar de sabermos quais espécies antecederam a humana, ainda fica sem explicação a seguinte questão: quando surgiu o primeiro ser humano na Terra? A resposta tecnicamente correta é: nunca! Talvez isso pareça um pouco confuso, mas me deixe explicar melhor. A verdade é que nunca surgiu um "primeiro ser humano". Lembra da tal da evolução? Em muitos casos, ela é um processo lento e gradual, então é comum que mudanças radicais só sejam perceptíveis depois que pequenas mudanças se acumulam por muitíssimo tempo. Por causa disso, não existe necessariamente um momento claro e distintivo no qual uma espécie surge a partir de outra.

Pense também em quando foi que você deixou de ser criança e virou adolescente, ou deixou de ser roqueiro e virou pagodeiro. Quando foi esse momento exato em que você deixou completamente de ser uma coisa e virou outra? A depender do exemplo que você imaginar, pode ter tido um momento que foi divisor de águas, mas muitas dessas mudanças não ocorrem de forma tão abrupta. A transição da infância para a adolescência, por exemplo, é um tipo de mudança que ocorre progressivamente, ao longo de anos. Se não for possível apontar o dia específico no qual houve essa transição, imagine uma mudança que possivelmente ocorreu ao longo de milhares ou milhões de anos! É até difícil para nossas mentes captarem de uma maneira realista o significado da expressão "milhões de anos". É algo muito mais vasto do que qualquer vivência que um ser humano possa ter ao longo da vida. Se você pudesse usar uma máquina do tempo para voltar milhares de anos no tempo e tentasse capturar o momento em que um *Homo sapiens* nasceu a partir de um *Homo heidelbergensis*, seria frustrante: você nem conseguiria permanecer vivo por tempo o suficiente para captar qualquer vestígio claro do processo evolutivo por trás de seu surgimento.

A espécie humana foi forjada ao longo de um lento e contínuo processo evolutivo. O resultado desse processo culminou – como gosto de chamar – no "espectro humano". Trata-se de um conjunto de todas as possíveis manifestações de características que um ser humano pode exibir a partir da interação entre a sua biologia e o seu meio. Não faz parte do espectro humano ter asas, presas gigantes ou vinte dedos em uma única mão, mas tanto no nível biológico quanto psicológico, existe uma grande variação que podemos exibir. Tendemos a seguir alguns padrões, tais como ter cinco dedos em cada mão. Entretanto, mesmo um padrão que parece tão óbvio quanto esse apresenta exceções – existem pessoas que nascem com quatro, seis ou sete dedos em uma única mão ou em ambas, por exemplo.

Então, o primeiro pensamento que surge é "mas o certo não é ter cinco dedos?". Certo ou errado são conceitos morais desenvolvidos para avaliar eventos no mundo. Eles não são constatações objetivas da realidade, e sim avaliações subjetivas do que é desejável ou não a partir de algum parâmetro. Em grande parte, essas visões são frutos diretos de uma cultura específica em que a pessoa nasceu. É comum ao ser humano a busca por simplificar a realidade e identificar padrões, mas a realidade não está nem aí para essas tendências.

A personalidade de uma pessoa, por exemplo, pode ser composta por diferentes traços, em diferentes níveis e combinações, resultando em alguém com modos muito específicos de preferências, autoexpressão e comportamentos. Até atingir a fase adulta, essa personalidade tende a se modificar, especialmente quando a pessoa passa da infância para a adolescência e da adolescência para a fase adulta. Ainda ocorrem mudanças durante a fase adulta também, mas a partir daí a personalidade costuma exibir uma estabilidade muito maior do que nas outras fases. O modo como somos tratados influencia muito na personalidade que desenvolvemos, porque grande parte de quem somos se constrói exatamente por meio dessas interações. É observando e interagindo com essas pessoas que somos expostos a vários conteúdos presentes na nossa cultura, e começamos a entender quais são as nossas preferências, os valores com que nos identificamos, o que queremos perseguir na vida e como gostaríamos de ser vistos pelos outros.

A sexualidade humana também é um ótimo exemplo disso: as possibilidades de manifestação são diversas. A cultura influencia a sexualidade na medida em que oferece expectativas sobre que papéis sociais devem ser desempenhados por pessoas que são identificadas como homem ou mulher a partir do sexo ao qual pertencem (masculino ou feminino). Cada pessoa é tratada pelos outros de acordo com essas expectativas, o que influencia suas características psicológicas. Também existe uma influência da cultura na expressão da sexualidade durante as interações entre as pessoas. Essa influência ocorre por meio da exposição a modelos de interação sexual disponibilizados nas mídias, na internet e em tudo que compõe o ambiente. Homens, por exemplo, são geralmente expostos a conteúdos que sugerem que uma mulher deseja ser conquistada, mesmo que após insistência. A exposição frequente e desde cedo a esse tipo de ideia pode incentivá-los a agirem dessa maneira no futuro.

Mas a cultura não é o único fator que influencia a sexualidade das pessoas. Tanto é que algumas não seguem as expectativas culturais impostas a elas, por mais que tenham sido incentivadas a vida inteira a seguir e que existam riscos severos envolvidos em fugir dessas expectativas. Exemplos disso são pessoas homoafetivas e transgêneros que sofrem com as dificuldades sociais ao longo da vida, como o fato de ter chances menores de conseguir um emprego ou de enfrentar diversas formas de violência. Os obstáculos que essas pessoas enfrentam resultam, na maior parte, da forma discriminatória como são tratadas pela sociedade, não do gênero pelo qual se sentem atraídas (orientação sexual) ou de como se identificam em relação ao próprio gênero (identidade de gênero).

Um cérebro antigo em um mundo novo

Não há consenso sobre em que momento a espécie humana adquiriu todas as características do ser humano moderno, tanto no nível anatômico, quanto no nível comportamental. Ou seja, no momento, não há como afirmar a partir de que ponto exato da História o ser humano se tornou capaz de desenvolver culturas compostas por ferramentas mais complexas, rituais e arte simbólica, além de realizar planejamento de longo prazo, exploração de longas distâncias e criação de grandes redes de contato entre pessoas de diferentes grupos. A capacidade de expressar pensamentos bem estruturados e com significado provavelmente já existia entre duzentos e cinquenta mil anos atrás. Há setenta mil anos, a espécie humana já havia feito a descoberta muito útil de como fazer cola. Essa invenção foi possível apenas por meio da mistura de ingredientes e de métodos de aquecimento de uma maneira complexa – tão complexa que seria um desafio até para um *master chef* moderno.

Os primeiros sinais conhecidos de arte simbólica em cavernas e de instrumentos musicais surgiram em torno de quarenta mil anos atrás. O primeiro luau da história deve ter surgido nessa época também. Levando tudo isso em conta, parece que entre cinquenta e quarenta mil anos atrás nós já éramos "modernos" no nível comportamental, embora dificilmente todas essas "capacidades aprimoradas" tenham surgido exatamente em um mesmo período. É mais provável que os primeiros sinais do *Homo sapiens* moderno tenham se manifestado em diferentes momentos da História evolutiva ao longo dos últimos trezentos mil anos.

Sabe-se que as pessoas já eram capazes de construir monumentos complexos e de larga escala entre trezentos e dez mil anos atrás, pois foi neste período que o templo Göbekli Tepe, o mais antigo da humanidade conhecido até hoje, surgiu no sudeste da Turquia. Ninguém sabe com certeza o porquê de sua construção, mas tudo leva a crer que ele tinha uma função social importante, visto que deve ter sido necessária a ação coordenada de centenas de pessoas para realizar essa proeza, em uma época em que a espécie humana ainda era em grande parte nômade. Afinal, arrastar e organizar várias pedras com peso de sete a dez toneladas não é o tipo de coisa que se faça sem haver um bom motivo, certo? *Pelo menos é o que eu penso.*

Antes da descoberta de Göbekli Tepe, acreditava-se que os primeiros templos religiosos teriam surgido depois da formação dos primeiros vilarejos, mas essa descoberta colocou em dúvida essa teoria e concluiu-se que talvez tenha acontecido o contrário. Provavelmente, os templos tenham precedido e motivado o surgimento dos primeiros vilarejos.

Entre vinte e dez mil anos atrás, nossa espécie começou a domesticar animais, desenvolver agricultura e viver em agrupamentos maiores de indivíduos. Nosso estilo de vida nômade foi sendo substituído pelo sedentarismo. Portanto, pelos últimos milhares de anos, as culturas humanas se modificaram em um ritmo muito mais rápido do que seus genes, produzindo um descompasso evolutivo (*evolutionary mistmatch*) entre o que o organismo era adaptado para lidar e o que o contexto atual demandava e oferecia. Embora nossa espécie tenha vivido por muito tempo sob condições diferentes das de hoje em dia, o cérebro humano ainda permanece basicamente o mesmo de milhares de anos atrás. Os ancestrais da espécie devem ter vivido vários períodos de escassez nos quais conseguir alimentos poderia ser muito perigoso, custoso ou difícil, por exemplo. A consequência disso é que o corpo humano pode se adaptar a esse tipo de situação, encontrando maneiras de tornar o gasto energético do corpo mais eficiente se necessário.

Quando, ao longo de alguns dias, uma pessoa ingere poucas calorias em relação à sua necessidade calórica, seu metabolismo tende a ficar mais lento para economizar energia. Porém, quando ingere mais calorias do que o corpo precisa para se manter vivo, a tendência é de que o metabolismo se acelere até um certo ponto e o corpo reserve energia para o caso de falta de alimentos. Esses mecanismos podiam salvar pessoas em um contexto de escassez de recursos ou incerteza no ambiente. Mas e se fosse um contexto no qual alimentos bem calóricos ficassem acessíveis desde que conseguíssemos pagá-los? O cérebro, acostumado a se preparar para um cenário de escassez, veria nesse tipo de alimento a oportunidade perfeita para reservar energia e garantir a sobrevivência do corpo pelos próximos dias.

O mundo moderno facilitou a busca por alimentação, mas também propiciou as condições para que se adotasse uma alimentação mais calórica e menos rica em nutrientes. É claro que uma pessoa pode se alimentar de forma muito saudável hoje em dia se quiser, mas os preços baixos, o sabor intenso e a maior disponibilidade de "porcarias" incentivam comportamentos menos saudáveis. Isso aumenta as chances de as pessoas desenvolverem doenças cardiovasculares, hipertensão, cáries, problemas gastrointestinais e diabetes do tipo 2.

Outro exemplo desse descompasso evolutivo está relacionado ao que os seres humanos costumam ter mais medo. Em uma lista com vários itens, quais deles você acha que causa mais medo: um cachorro, um pinguim, uma aranha, uma cobra, uma arma, um ventilador, um carro ou um avião? Não é preciso ter nenhum tipo de poder sobrenatural para deduzir quais opções são mais prováveis de você ter escolhido: aranhas, cobras e aviões ganham de lavada dos outros para maioria das pessoas. Ironicamente, esses não são os itens mais perigosos na lista. Pense comigo: aviões são um meio de transporte extremamente seguro, enquanto acidentes de carro matam tanta gente que, em média, cinco pessoas morrem por causa de acidentes de trânsito a cada hora no Brasil (sem contar nas várias pessoas que não morrem, mas sofrem sequelas graves). Mesmo assim, é mais comum as pessoas terem medo de entrar em um avião do que em um carro. Existem aranhas e cobras que são potencialmente perigosas, mas a maioria delas é inofensiva para os seres humanos, ou porque não são venenosas, ou porque o veneno não os afeta ou, ainda, pelo fato de elas viverem em locais muito específicos. Por outro lado, armas são um dos objetos mais letais que existem na face da Terra atualmente. Mesmo assim, é muito mais raro alguém ter uma fobia específica de armas do que de aranhas ou de cobras.

Por que será? É possível que esse medo seja um vestígio do passado evolutivo da espécie humana, em que esses animais provavelmente eram uma ameaça maior do que são atualmente. Se isso for verdade, talvez exista alguma propensão das pessoas a desde bebês reagir diferente perante esses animais, antes que a cultura exerça um grande impacto na mente dos indivíduos. Porém, ao mostrar imagens de cobras, aranhas, peixes e flores a bebês de 6 meses de idade para comparar as suas reações, adivinha só o que aconteceu? Acredite: nada de mais, os bebês pegaram as imagens e rasgaram, jogaram no chão ou enfiaram na boca. Brincadeira. Na verdade, esses bebês realmente exibiram uma resposta de estresse maior às imagens representando ameaças ancestrais – cobras e aranhas – do que a peixes e flores.

Obviamente bebês de 6 meses não podem nos contar em detalhes o quão estressantes foram as suas experiências. Felizmente, é possível deduzir isso sem que o bebê diga qualquer palavra. A dilatação da pupila é um indicador bem conhecido de maior atividade no sistema noradrenérgico do cérebro, que é um dos principais sistemas cerebrais que regulam nossas reações de estresse. Por meio da dilatação pupilar, averiguou-se que os bebês tiveram uma reação mais intensa às imagens de cobras e aranhas, reforçando a ideia de que seres humanos podem ter alguma predisposição a desenvolver medo de ameaças ancestrais. Mesmo assim, esse fato não exclui a possibilidade de que alguma influência cultural possa ter afetado as reações desses bebês, mas, como eles tinham apenas 6 meses de idade, talvez a influência cultural seja insuficiente para explicar completamente as suas reações.

Também já foram feitos testes com membros da espécie *Macaca fuscata*, mais conhecida como macacos-japoneses (aqueles que aparecem nos documentários, bem relaxados enquanto tomam um banho quente em fontes termais), através de uma tarefa visual em que eles recebiam recompensas pelos seus desempenhos. Alguns desses macacos reagiram de forma mais rápida ao verem as cobras do que os coalas. No entanto, quando as imagens de cobras foram trocadas por imagens de aranhas, eles não demonstraram a mesma sensibilidade, indicando que a sensibilidade era especificamente ligada a cobras. Outras experiências feitas com macacos, bebês e crianças chegaram a conclusões parecidas, reforçando a ideia de que o medo humano de certos animais pode ter sido permeado por uma longa história evolutiva.

A depressão pós-parto também pode ser em parte uma consequência do descompasso evolutivo na nossa espécie. Ela é uma condição na qual a mulher vive alguns dos sintomas do transtorno depressivo maior depois do parto, entre eles a tristeza constante, a perda de interesse por atividades prazerosas, a insônia, o sentimento de vazio, a exaustão e a irritação. Além disso, a mãe também pode ter dificuldade de se vincular afetivamente ao bebê, de aceitá-lo, de cuidar dele ou de se sentir capaz de fazer isso. Em casos mais extremos, ela pode ter pensamentos persistentes sobre machucar o bebê ou a si mesma, colocando a integridade física de ambos em risco.

Ao observar como ocorre a evolução, percebe-se que a depressão pós-parto representa um enigma biológico, visto que a mãe se torna menos capaz de cuidar do bebê logo depois de ele nascer e precisar tanto de cuidados para sobreviver. Esse enigma pode começar a fazer mais sentido se procurarmos por pistas no passado da nossa espécie. O ambiente no qual vivemos atualmente foi muito modificado pelas culturas que desenvolvemos nos últimos milhares de anos, como eu falei agora há pouco. Essas mudanças culturais acarretaram várias consequências para os dias atuais. Alguns fatores, como o sedentarismo, a alimentação mais deficiente, a pouca exposição ao sol e um menor apoio familiar, são muito mais frequentes quando comparados ao que provavelmente era mais comum no passado evolutivo dos seres humanos. Todos esses elementos de fato aumentam o risco de uma mulher desenvolver a depressão pós-parto – e muitos deles estão relacionados a processos inflamatórios que podem prejudicar a saúde dela. Uma vez que mais mulheres estão desprovidas de recursos físicos e sociais que contribuem para o seu bem-estar e a sua capacidade de lidar com as demandas envolvidas na criação de um filho, o ambiente atual se torna, então, mais propício para o desenvolvimento dessa condição.

Além disso, o desmame precoce também apresenta um fator de risco para a depressão. Em média, na atualidade, as crianças tendem a parar de mamar muito antes do que parece ser o típico período ao longo da evolução humana – cerca de 2 a 4 anos. A amamentação estimula a liberação de hormônios como a ocitocina e a prolactina, associados à diminuição das chances de exibir depressão pós-parto. Esses hormônios não apenas possuem efeitos ansiolíticos, ou seja, reduzem a ansiedade, como também a sua liberação em maior quantidade por meio da amamentação está ligada a uma saúde melhor no longo prazo, tanto da mãe quanto do bebê. Um período de amamentação mais reduzido pode levar a mãe a enfrentar todas as dificuldades envolvidas na criação de um filho sem a ajuda desses hormônios para regular as suas emoções, o que contribui para uma impressão negativa da maternidade.

É certo que outros motivos também contribuem para a reação da mulher perante a experiência de ser mãe, como o seu histórico de depressão, o suporte oferecido pelo parceiro ou pela parceira, as suas condições financeiras, a sua profissão, as expectativas a respeito da maternidade difundidas em sua cultura e muitos outros fatores. Mas, ao que parece, as mudanças que ocorreram no modo como as pessoas viviam durante milhares de anos podem ter contribuído de diferentes formas para que mulheres estejam atualmente mais vulneráveis a sofrer dificuldades extremas durante a maternidade.

Os efeitos do descompasso evolutivo são visíveis também na memória humana. Tudo indica que foi desenvolvida na nossa espécie uma memória especialmente sensível a informações relevantes para a própria sobrevivência. A principal função da memória seria a de permitir lembrar-se e esquecer-se de informações que facilitem a adaptação ao meio. Um fato coerente com isso é que, quanto mais emocional for o conteúdo de uma memória, maior é a chance de se lembrar dela. Situações que estimulam emoções mais intensas podem ser mais relevantes para a sobrevivência, tais como o medo que sentimos ao nos deparar com uma cobra rastejando e esticando a boca dar o bote. Essa função primordial da memória faz mais sentido ainda ao pensar que, quanto melhor era a memória de um *Homo sapiens* há trezentos mil anos, maior seria a probabilidade de ele conseguir se lembrar de coisas úteis como os locais onde encontrar comida, água, abrigo, buracos ou animais perigosos, além de poder identificar a aparência de pessoas em quem poderia ou não confiar. Talvez esse seja um dos motivos pelos quais se esquecer de uma pessoa que foi sacana com você no passado seja uma tarefa difícil. Afinal, lembrar-se bem de quem já foi prejudicial é uma maneira de se proteger e evitar ser afetado por outras pessoas com características semelhantes.

A vida em grupo e o problema do trapaceiro

Até agora, falei da evolução especialmente em termos do que é conhecido como seleção natural. Existem outros processos que também podem influenciar na evolução das espécies. Dois deles parecem ter sido decisivos para a história evolutiva do ser humano: a vida em grupo e a cultura. Grupos com indivíduos mais cooperativos podiam ser mais eficazes em diferentes tarefas importantes, como caçar, coletar alimentos, cuidar dos bebês, enfrentar predadores ou até mesmo grupos rivais. Geralmente, esses grupos também eram mais estáveis e duradouros, já que havia menos conflitos entre os indivíduos. Se eles ocorressem, podiam ser mais facilmente resolvidos de maneira amigável.

Comparativamente, um grupo que possui membros com tendências menos cooperativas poderia estar em maior risco. Se você já se frustrou realizando trabalhos em grupo na escola ou na faculdade, como eu, deve saber como o baixo comprometimento de alguns membros pode prejudicar o grupo inteiro. Se existem membros que não ajudam na caça de um animal perigoso, eles aumentam a probabilidade de que membros do grupo sejam feridos gravemente ou até mortos. Se fosse designada a tarefa de cuidar dos bebês enquanto os demais coletavam alimentos, e eles agissem de forma negligente, aumentariam a probabilidade de machucar os bebês ou levá-los a morte. Além disso, esses membros também poderiam ter uma chance maior de ser o epicentro de inúmeros conflitos por não estarem dispostos a fazer os sacrifícios para o bem coletivo. Isso os colocariam em posição de indivíduos mais dispostos a explorar, a mentir, a manipular e a agredir outros membros do grupo durante uma situação de conflito de interesses, o que acabaria aumentando as chances de o grupo se dividir ou se desfazer totalmente.

Talvez você esteja pensando: *Mas, André, nem todo mundo é cooperativo. E as pessoas aproveitadoras?* De modo geral, seres humanos possuem uma predisposição a exibir características típicas das que são necessárias para uma boa vida em grupo, tais como a facilidade para cooperar, retribuir e sentir empatia pelos outros. Também tendemos a valorizar a justiça, a lealdade e a honestidade. A existência de pessoas menos cooperativas só mostra que existe variação nessa característica. Na biologia, a regra é que quase tudo tem exceção.

Os membros de um grupo que desfrutam dos benefícios envolvidos em fazer parte dele, mas que não colaboram como os demais da forma esperada, são conhecidos como parasitas, aproveitadores ou trapaceiros (*freerider*). Na maior parte das vezes, os grupos sustentam a convivência se os seus membros forem, em sua maioria, mais cooperativos. Caso existam apenas alguns trapaceiros no grupo, dificilmente haverá prejuízos ao ponto de o grupo ficar em risco de se desfazer. Mas, quanto mais aumenta o número de trapaceiros, mais instável o grupo tende a se tornar.

Agir de forma sacana também pode ser vantajoso para o trapaceiro (pelo menos em curto prazo). Imagine que, há trezentos mil anos, você estava passeando pela floresta durante um belo dia e encontrou algumas laranjas maduras e guardadas dentro de uma sacola feita de folhas. O que você deveria fazer? Levá-la para o grupo e tentar achar o dono da sacola pode ajudar na sua reputação, mas comer todas as laranjas talvez seja mais vantajoso ainda em termos de maximizar o seu potencial de sobrevivência. Se você, assim como o seu grupo, já está há três dias sem comer direito porque não acham alimentos, talvez aquela seja uma das poucas chances de garantir reservas energéticas para aguentar os próximos dias de escassez. Isso poderia aumentar as chances de sobreviver e, se não for pego no flagra, ninguém saberá sobre essa ação egoísta.

Seres humanos são um tipo de ser vivo especialmente cooperativo. Claro que muitas outras espécies são cooperativas também (formigas, abelhas e muitas outras). A diferença é que a maior parte da cooperação que observamos no mundo animal se baseia no quanto os membros da espécie são próximos geneticamente, na reciprocidade, na competição por recursos dentro do grupo ou entre grupos. Embora tudo isso também esteja visível nos seres humanos, o nosso nível de cooperação foi além. Um ser humano é capaz de ajudar corriqueiramente outro que ele nunca viu antes e provavelmente nunca verá de novo. Mais do que isso, um ser humano pode ser capaz de ajudar outro por mero altruísmo, ou seja, com o objetivo primordial de beneficiar o outro.

Um exemplo extremo disso ocorreu aqui em Brasília, minha cidade, em 1977. Ao perceber que uma criança de 13 anos havia caído no poço das ariranhas do zoológico, o sargento Sílvio Hollenbach se atirou nele para salvá-la. A criança sobreviveu, mas Sílvio não resistiu aos ferimentos causados pelas mais de cem mordidas que sofreu. Nas palavras do próprio sargento: "Eu não podia deixar uma criança ser devorada sem fazer nada". Existem muitos motivos para nos decepcionarmos com o que o ser humano pode fazer, mas a sua capacidade de agir em prol dos outros, mesmo colocando a própria vida em risco, mostra como a nossa espécie também é capaz de atos dignos de muita admiração, como o ato de Sílvio Holenbach e de muitos outros ao redor do mundo.

Por boa parte da nossa existência na Terra, vivemos em tribos com centenas de pessoas. Depois que começamos a dominar a agricultura e a domesticação de animais entre vinte e dez mil anos atrás, passamos a viver em grupos cada vez maiores. Os primeiros povoados foram surgindo, depois as primeiras cidades e, agora, temos centros urbanos como a cidade de São Paulo, que abriga mais de doze milhões de habitantes. Ao mesmo tempo que grupos maiores são mais fortes para lidar com ameaças, especialmente no contexto das savanas africanas há milhares de anos, eles também vão se tornando mais vulneráveis em alguns quesitos.

Grupos maiores são um solo fértil para o aparecimento de trapaceiros. Em uma sociedade tão numerosa como as dos principais centros urbanos, é mais fácil ser um trapaceiro e prosperar do que seria há milhares de anos dentro de um grupo menor de pessoas. O trapaceiro pode migrar de um grupo para outro, assim que sua presença se torna inconveniente. Sua má reputação resultante de uma postura moralmente questionável pode acabar se tornando conhecida por um número proporcionalmente pequeno de pessoas em comparação à população total e ao que aconteceria em uma comunidade de poucas pessoas, em que todo mundo ficaria ciente das suas condutas. Depois de vacilar com um grupo, atualmente, o trapaceiro ainda poderia ter uma enorme quantidade de outros possíveis grupos para explorar ao longo da vida.

Ou seja, tanto pela facilidade de migrar para novos grupos quanto pelas várias facilidades que a vida moderna nos oferece – como não ter que nos preocuparmos com o próximo leão com o qual poderíamos nos deparar nas savanas africanas –, a existência de pessoas com tendências menos cooperativas é perfeitamente compatível com o que falei antes sobre as tendências cooperativas que costumam ser observadas nos seres humanos. Somos uma espécie complexa, com um grande espectro de potenciais e com uma enorme capacidade de se adaptar a novas condições – incluindo a capacidade de nos tornarmos folgados pra caramba com os outros se percebemos que é viável fazer isso sem sofrer consequências irreversíveis.

Os trapaceiros costumam demonstrar níveis mais elevados da tríade sombria da personalidade, o que pode dificultar os relacionamentos. Essa tríade é composta por três traços: o maquiavelismo, o narcisismo e a psicopatia. O maquiavelismo se refere a uma tendência geral de manipular e explorar outras pessoas. Esse talvez seja um dos traços mais diretamente ligados às condutas típicas de um trapaceiro. A psicopatia descreve a propensão da pessoa a se engajar em comportamentos antissociais, como ameaçar alguém, por exemplo, ser insensível com os outros e agir de forma impulsiva. Já o narcisismo expressa o quanto a pessoa se acha importante, sendo que pessoas muito narcisistas pressupõem que devem ser vistas e tratadas como superiores aos outros.

Existem dois tipos de pessoas no mundo: aquelas que já descobriram que possuem um lado mais sombrio e aquelas que ainda vão descobrir. Todos nós possuímos, em algum nível, todos esses traços de personalidade, mas é muito menos comum que as pessoas exibam níveis elevados de todas essas características ao mesmo tempo. É mais frequente a exibição de níveis médios ou elevados da tríade iluminada da personalidade, que é composta pelos traços de kantismo, humanismo e fé na humanidade. O kantismo envolve interagir com as pessoas sem tratá-las apenas como um meio para atingir um objetivo, o humanismo busca valorizar a dignidade inerente a cada ser humano e a fé na humanidade está relacionada à crença de que existe bondade nas pessoas. Diante disso, fica difícil não perceber que todos esses traços estão ligados de uma certa maneira ao que se esperaria de uma espécie influenciada pela capacidade de viver em grupos.

Coevolução gene-cultura

Muitas dessas características humanas, tais como a propensão a formar grupos e a agir de forma cooperativa, resultaram de uma complexa interação entre genes e cultura ao longo de muitos anos. A coevolução gene-cultura é o processo pelo qual genes restringem e influenciam o tipo de cultura que desenvolvemos, e a cultura, por sua vez, impacta os rumos genéticos da nossa espécie. Um exemplo de como a biologia impacta a cultura é o fato de termos polegares opositores, algo que muitas espécies não têm.

Nossos polegares conseguem se opor aos outros dedos, o que facilita o manuseio de objetos como canetas, pincéis e armas, consequentemente direcionando o tipo de produto cultural que seremos mais propensos a criar e usar. A influência da cultura nos nossos genes se dá pela introdução de estruturas, artefatos, práticas e ideias acumuladas por gerações que uma única pessoa seria incapaz de recriar sozinha, mesmo que tentasse fazer isso pelo resto da vida, e que podem alterar a frequência dos genes na nossa espécie.

Um exemplo de como os genes e a cultura podem evoluir de forma conjunta está ligado ao leite das vacas. Os bebês de seres humanos costumam produzir uma enzima conhecida como lactase, que permite a digestão do açúcar (lactose) presente no leite. À proporção que os bebês crescem, esperava-se que eles reduzissem a capacidade de produzir a lactase e desenvolvessem algum nível de intolerância à lactose na fase adulta. Esse é o caso da maioria dos mamíferos. Porém, para um grupo de pessoas, isso não acontece. Elas continuam produzindo muita lactase durante a fase adulta e, por isso, podem seguir apreciando exageradamente muito sorvete sem sofrer maiores problemas intestinais. Tudo indica que essas pessoas são portadoras da variação de um gene que permite a produção de lactase na fase adulta. Essa variação foi o resultado de uma mutação genética que surgiu em um indivíduo há menos de dez mil anos (sim, você pode chamar esse indivíduo de mutante abençoado). É provável que esse indivíduo tenha vivido na Europa e, por conta do clima mais frio em algumas regiões de lá, ter a capacidade de desfrutar de todos os nutrientes providos pelo leite pode ter representado uma vantagem considerável na sua sobrevivência.

Em locais com terrenos desfavoráveis ao cultivo de alimentos, com poucas fontes seguras de água ou épocas intensas de clima mais rigoroso, as opções de alimentação, às vezes, se tornavam bem restritas rapidamente. Desse modo, alguém que conseguisse se alimentar de leite e seus derivados sem sofrer consequências como diarreia poderia se manter mais nutrido e hidratado do que os outros. Além disso, talvez o leite pudesse ser uma bebida mais segura do que a água, visto que, dependendo de onde ela fosse coletada, poderia estar contaminada, algo que provavelmente não aconteceria com o leite recém-tirado de uma vaca.

Algumas consequências para os tolerantes à lactose dessa época seria uma saúde melhor e um sistema imunológico mais fortalecido. Esses fatores poderiam aumentar a probabilidade de sobrevivência e de reprodução dessas pessoas. Ao longo de várias gerações, os seus descendentes também poderiam ter, em média, maiores chances de sobreviver e de se reproduzir do que os seus colegas de tribo que teriam uma noite de rei, sentados em seus tronos, depois de tomar leite.

Quando analisamos a taxa de pessoas com intolerância à lactose ao redor do mundo atualmente, percebemos que ela varia bastante de acordo com a região. É muito mais comum que europeus sejam capazes de digerir a lactose do que asiáticos ou sul-americanos, por exemplo. Aquele mutante do passado foi uma bênção para muitos europeus de hoje em dia que são amantes do queijo e tantos outros alimentos derivados do leite de vaca. Obviamente, existem muitos europeus intolerantes à lactose e asiáticos tolerantes à lactose, até porque, hoje em dia, se você nasce na Europa e os seus ancestrais viveram lá, nada te impede de se mudar para a Ásia ou vice-versa. Mas o fato de haver uma diferença tão drástica na proporção de intolerantes por região do mundo não é por acaso. Na verdade, isso é um vestígio da coevolução gene-cultura que acompanha o ser humano nesses últimos milhares de anos.

Outro fato interessante é que, ao que tudo indica, uma mutação semelhante a essa surgiu de forma aleatória e independente em uma pessoa que vivia na África. Não é à toa que lá também existia a prática de criação de vacas, mas isso não significa que a presença das vacas estimulava de alguma forma mística o surgimento de uma mutação como essa. Também poderiam existir outros lugares do mundo onde vacas eram criadas e nem por isso uma mutação surgiu necessariamente. Mutações na natureza ocorrem de maneira aleatória e não costumam fazer *lasers* começarem a sair pelos olhos da pessoa. A maior parte das mutações não cheira, nem fede. Entretanto, a prevalência dessas variações mutantes pode ser direcionada pelas pressões do contexto. Se um ambiente é mais favorável a uma nova caraterística provocada por mutações, como a tolerância à lactose na fase adulta, a tendência é que essas mutações se tornem mais comuns na espécie com o passar do tempo, dado que a espécie continue existindo.

O que nos diferencia dos outros seres vivos?

Por algumas razões, os seres humanos concluíram que eram a cereja do bolo na natureza, um tipo de espécie "superior" às outras. Não é à toa que eles são os únicos primatas que fazem tudo o que podem para não parecer que são primatas. Mas será que seres humanos são mesmo uma espécie superior?

A espécie humana faz coisas que poucos animais conseguiriam, mas muitos outros animais fazem coisas que um ser humano jamais conseguiria também. Logo, fica difícil defender a ideia de uma "superioridade humana absoluta". Por um lado, os humanos possuem uma capacidade de planejar, raciocinar, se comunicar e criar memes que os outros seres vivos poderiam no máximo invejar, se fossem capazes de sentir inveja. A capacidade cognitiva dos seres humanos vai muito além dos poderes mentais de qualquer organismo que já existiu no planeta até onde sabemos. Por outro lado, existem vários seres vivos que veem (águias), ouvem (mariposas), correm (guepardos), nadam (golfinhos) e sobrevivem (tardígrados) muito melhor do que o melhor ser humano em qualquer um desses quesitos, é claro, desconsiderando o uso dos nossos apetrechos tecnológicos, os quais ampliaram absurdamente nossas capacidades, como é o caso de telescópios, carros, aviões e vacinas.

Os outros seres vivos também têm as próprias características e nenhuma delas é universalmente melhor ou pior do que outras, já que isso sempre vai depender do contexto que for analisado. Em um contexto, ser mais alto pode fazer você alcançar alimentos em lugares que outros não conseguem com a mesma facilidade. Em outro, pode fazer você ficar mais visível e aumentar suas chances de virar papinha de onça. Por isso, os seres humanos não são superiores a outros animais, eles são apenas adaptados para resolver os problemas típicos da própria espécie (assim como as outras espécies também o são).

Você já parou para pensar no que nos diferencia de outras formas de vida? Claro que existe alguma coisa de diferente, mas o que será que é mais distintivo? Uso de ferramentas? Sexo sem fins reprodutivos? Cérebros grandes? Autoconsciência? Linguagem? Moralidade? Piadas sem graça? Tudo isso ao mesmo tempo? Nada disso? Ao pensar nesse assunto, é importante tomar muito cuidado com o que pode parecer óbvio, pois, ao se aprofundar nos estudos, a surpresa pode ser grande.

Vamos analisar algumas possibilidades que já foram bastante discutidas por aí. Uso de ferramentas? Não, pois conhecemos vários exemplos de espécies que usam diariamente ferramentas para realizar tarefas, tais como os chimpanzés. Sexo sem fins reprodutivos? Conheça um pouco mais sobre os bonobos, que você vai entender que somos apenas amadores quando o assunto é a safadeza. Se quiser arruinar um pouco a imagem que tem dos golfinhos como seres fofinhos e carinhosos, faz uma pesquisa na internet sobre os comportamentos sexuais deles. Talvez eles sejam carinhosos mesmo, mas não com toda a ternura que você imaginava. Cérebros grandes? Não, nosso cérebro é pequeno perto do cérebro de espécies como os elefantes, por exemplo. Talvez o tamanho do cérebro em relação ao tamanho do corpo? Também não, pois nós perdemos até para os ratos nesse quesito. Será que temos algumas partes específicas do cérebro que são maiores ou mais interconectadas? Sim: essa parece ser uma das principais diferenças dos seres humanos quando os comparamos com outros primatas, os seres vivos geneticamente mais próximos de nós.

O tamanho do cérebro humano mostra-se maior em relação ao de outros primatas especialmente em uma parte: o córtex cerebral. Essa área é a mais externa e superior do cérebro, responsável pelas capacidades de raciocinar, planejar e utilizar a linguagem para a comunicação – nesse último caso, especialmente a parte mais frontal do cérebro. Para ser mais exato, as áreas do córtex que mais se desenvolveram na espécie humana são as responsáveis pela integração de informações advindas de diferentes regiões do cérebro e que são recrutadas quando é necessário raciocinar, resolver problemas ou planejar ações. Regiões cerebrais maiores significam que há mais neurônios na região, mais possibilidades de padrões de conexão entre os neurônios e possivelmente mais capacidade cognitiva para lidar com as diferentes demandas apresentadas pelo ambiente.

Algo bem interessante para uma espécie que desenvolve culturas como a nossa é a possibilidade de realizar acumulação cultural: conseguir acumular conhecimentos e tecnologias que podem ser gradativamente aprimoradas em diferentes gerações futuras. Nenhuma outra espécie, além do ser humano, atinge essa dimensão de complexidade e de diversidade. Pode parecer algo simples, mas na verdade é uma capacidade realmente revolucionária! Com o apoio de gigantes – assim como Isaac Newton fez – os seres humanos produziram inovações constantes em conhecimentos e tecnologias desenvolvidas anteriormente, e as tornou mais seguras, eficientes, acessíveis ou práticas. Se hoje você pode usar um smartphone para assistir a vídeos na internet por horas em vez de fazer o que realmente devia, é a essa capacidade acumulativa que deve ser direcionada a sua gratidão.

A linguagem também é um exemplo muito citado quando se discute sobre a diferença entre nós e outros seres vivos. Nós sabemos que várias espécies são capazes de utilizar sons e gestos para se comunicar, mas nenhuma delas parece alcançar a capacidade recursiva e criativa que nós utilizamos de forma tão automática diariamente. A capacidade de raciocínio que aplicamos para resolver uma infinidade de problemas também parece uma forte candidata a ser uma capacidade unicamente humana, assim como a acumulação cultural. Mas depois que você descobrir as façanhas que os corvos da nova Caledônia são capazes de aprontar, acredito que ficará um pouco em dúvida. Esses corvos conseguem não só pegar partes de plantas para construir ganchos e utilizá-los para se alimentar de uma forma muito mais eficiente, como também parecem ser capazes de se lembrar de artefatos desenvolvidos por outros corvos, e ainda os aprimorar! Essa habilidade se aproxima da ideia de acumulação cultural.

Nesses casos que mencionei por último, parece haver uma diferença de grau da característica em questão, sendo que os seres humanos a possuem de uma maneira mais complexa e extensa, enquanto em outros animais há versões mais restritas. Olhando por esse lado, a linguagem, o raciocínio ou a acumulação cultural não seriam diferenças absolutas em relação a outros seres vivos, já que eles também a possuem em algum nível. Embora tenhamos um córtex cerebral bem-dotado, outros primatas também possuem um córtex poderoso o suficiente para aprender a se comunicar por linguagem de sinais. Vale lembrar que a extensão de vocabulário que eles são capazes de usar não se compara à de um ser humano adulto.

Esse mesmo raciocínio comparativo com diferentes espécies também já se mostrou correto para outras características, tais como a autoconsciência, a moralidade e a cultura. Então, no fim das contas, é difícil dizer categoricamente qual ou quais são as grandes diferenças dos seres humanos quando comparados ao resto dos seres vivos. Geralmente, essas diferenças têm muito mais a ver com a extensão ou complexidade da característica do que com a presença (ou ausência) completa dela. Na verdade, isso não deveria ser nenhuma grande surpresa se nos lembrarmos de onde foi que viemos – de outros seres vivos, que já foram extintos. Isso está praticamente soletrado no nosso DNA, na morfologia e no desenvolvimento embrionário. Surpreendente mesmo seria se os seres humanos fossem totalmente diferentes dos outros animais. Mas, muito pelo contrário, parece existir um profundo elo entre todas as formas de vida que habitam o planeta Terra e os humanos não são exceção a isso.

Várias das características presentes na espécie humana são heranças desses seres vivos que os antecederam, embora também tenham desenvolvido algumas de uma maneira mais particular e ligada à própria história evolutiva. De qualquer forma, não é como se as pessoas tivessem surgido do nada com capacidades totalmente diferentes das que as formas de vida na Terra possuíam.

Os seres humanos não são alienígenas, são na verdade bastante terráqueos e isso fica evidente quando se compara a sua biologia com a de outros seres vivos. Toda vez que você sente muita fome, muita raiva, muito desejo sexual ou muita vontade de defecar, é como se o lado mais "selvagem" ou "animalesco" do seu corpo estivesse berrando para você dar ouvidos a ele. Os demais mamíferos também sentem esses impulsos diariamente. Nessas horas, pode ser mais fácil perceber como temos um lado não tão racional assim. Mas não é só quando você está em apuros intestinais ou varado de fome que esse lado motiva o seu comportamento: ele também influencia você em mais situações do que talvez tenha percebido até hoje. Veremos como esse lado mais selvagem te guia no cotidiano a fazer várias coisas sem que você sequer se dê conta, garantindo assim que realize o máximo com o mínimo de esforço – algo que o cérebro simplesmente ama fazer.

CAPÍTULO 2

O que os seres humanos desejam?

Resposta breve: satisfazer suas necessidades biológicas e psicológicas básicas.

Resposta detalhada: você já ouviu falar que "cada pessoa é uma pessoa"? Embora isso seja parcialmente verdadeiro, as pessoas não variam infinitamente nas suas características como essa frase pode dar a entender caso seja interpretada rigorosamente. Pelo contrário, as pessoas variam de forma finita e, mais do que isso, de forma muito mais restrita do que você talvez imagine. Um fato que ilustra isso é que todos os seres humanos possuem certas necessidades básicas e universais. Essas necessidades motivam muito do que eles fazem ou deixam de fazer – embora as suas importâncias exatas na vida de cada um possam ser variáveis (e, nesse sentido, a ideia de "cada pessoa é uma pessoa" guarda algum nível de verdade mesmo).

As necessidades mais básicas no nível biológico são as de sobrevivência e de reprodução. Isso não significa que você pense regularmente de maneira consciente sobre o seu desempenho em termos de sobrevivência e reprodução, mas, sim, que muito do que as pessoas fazem ligação com essas necessidades, até mesmo de uma forma não consciente, devido à sua história evolutiva. Afinal, necessidades tão elementares como essas são bem antigas e podem ser encontradas em praticamente todas as outras espécies de vida no planeta. No caso do ser humano, não seria diferente.

Mas elas não foram as únicas a contribuir com a espécie humana e com tantas outras que antecederam os humanos. As necessidades psicológicas básicas e universais também são muito importantes. Todo mundo as possui em algum nível, sendo que a maioria das pessoas segue um padrão semelhante, enquanto uma parcela menor apresenta níveis muito baixos ou mais altos de cada uma delas. As cinco necessidades das quais quero falar com você são as de vínculo, de controle, da compreensão, da autoestima positiva e do sentido na vida.

Vínculo

Ela é a necessidade que as pessoas costumam ter de fazer coisas como se encontrar com amigos e amigas, namorar, se sentir aceito, ser parte de grupos, se casar, conviver com a família ou se dar bem com colegas de trabalho. Em outras palavras, é a necessidade de estabelecer e manter relações positivas, significativas e duradouras. Pessoalmente, eu acho que bons relacionamentos são a melhor coisa que podemos ter em nossa vida e com certeza são a melhor parte da minha vida, mas não precisam ser a melhor parte da sua vida, pois você pode ser diferente de mim nesse quesito (e não há nada de errado com isso). Algumas pessoas têm uma necessidade maior, e outras, menor; mas as pessoas costumam ter essa necessidade, mesmo que ela se manifeste em alguns momentos ou sob condições específicas.

A necessidade de vínculo é uma motivação tão poderosa que, quando as pessoas se sentem muito sozinhas de forma regular, isso pode fazer muito mal a elas, mesmo que não percebam com tanta clareza. Pessoas solitárias possuem chance maior de viver problemas ligados à depressão, alcoolismo, impulsividade, declínio cognitivo, estresse, doenças cardiovasculares, imunidade, qualidade do sono e expectativa de vida baixa. A solidão é um fator de risco para a saúde, com um impacto tão grande que é comparável ao tabagismo, ao sedentarismo e à pressão alta. Todas essas possíveis repercussões negativas realçam como os relacionamentos costumam ser importantes para o funcionamento pleno do corpo e como preservá-los é uma forma de se cuidar.

Em um extremo dessa necessidade psicológica, temos aquelas pessoas que são muito carentes. Elas tendem a se sentir pior do que a maioria quando se sentem sozinhas e podem ser muito dependentes de seus relacionamentos. Às vezes, essa dependência chega a um ponto tão grave que a própria dignidade passa a ficar em segundo plano, caso essa seja a condição necessária para manter o relacionamento. O medo de ser abandonada ou rejeitada costuma ser muito grande e a pessoa pode acabar fazendo o que é conhecido como uma profecia autorrealizadora. Isso é o que ocorre quando, sem querer querendo, alguém acaba fazendo algo que não queria que acontecesse, de fato acontecer, justamente por causa de suas expectativas.

A pessoa carente, quando está em um relacionamento, pode ser bastante controladora e ciumenta, porque tem medo de ver o relacionamento acabar. Esse comportamento se manifesta em atitudes como fiscalizar o celular, monitorar as atividades e reclamar de amizades do parceiro ou da parceira. A vigilância das amizades aparentemente ameaçadoras para o relacionamento pode até soar como uma atitude precavida, mas eventualmente passa a ser tão cansativo que o parceiro ou a parceira acaba perdendo o interesse, aumentando a probabilidade de ele ou ela eventualmente querer o fim a relação. A intenção inicial era preservar o casal, mas como as expectativas motivaram estratégias pouco saudáveis de proteção, as profecias indesejáveis talvez tenham se tornado realidade e trazido o fim do relacionamento.

Um exemplo de carência mais extrema é alguém que vivencia o transtorno da personalidade dependente. Nesse tipo de condição, a pessoa tem uma necessidade forte de se sentir cuidada e apoiada, apresenta sérias dificuldades para fazer as coisas sem antes recorrer ao auxílio de alguém e evita discordar dos outros – ainda que isso a prejudique. Ela costuma ter um medo profundo de ser abandonada e de não dar conta de cuidar de si mesma. Além disso, o indivíduo nessa condição tende a iniciar um novo relacionamento logo após um término, para não se sentir sozinho. Também pode ter ações extremas com o objetivo de se sentir querido, ao se dispor a fazer coisas desagradáveis ou prejudiciais a ele.

No outro extremo, há aqueles que apresentam uma necessidade bem baixa de se relacionar com os outros, o que é uma característica marcante do transtorno da personalidade esquizoide. Quem vive essa condição costuma preferir a solidão e não gosta de interagir com os outros, o que às vezes inclui até o desinteresse por sexo. Essas pessoas não costumam sentir prazer em muitas atividades de maneira geral e dificilmente desenvolvem amizades, visto que sua frieza emocional e falta de interesse em desenvolver intimidade dificultam bastante as coisas.

O personagem da série *The Witcher* (*O bruxo*) aparentemente se encaixa nessa descrição – sem analisar a construção do personagem no livro e no jogo. Pelo menos na série, que foi onde eu conheci melhor a história, lembro-me que alguns personagens achavam que Geralt – o bruxo, personagem principal – não era capaz de sentir emoções. Se você ainda não viu essa série, não fique bravo comigo! Não dei spoiler, pois isso é revelado logo no começo. Sua conduta ao longo da série leva a crer que ele é pelo menos mais frio emocionalmente do que a maioria das pessoas, bastante solitário e de fato parece ter dificuldades de estabelecer relacionamentos com os outros. Então, será que o bruxão tem o transtorno da personalidade esquizoide? A resposta é fácil: não há como afirmar.

Afinal, ele é apenas um personagem fictício, e o diagnóstico para esse transtorno se aplica a pessoas reais.

O problema de diagnosticar um personagem fictício, tal como o Coringa, por exemplo, é a estigmatização de pessoas reais que convivem com aquela condição, já que a comparação com o personagem, por mais esdrúxula que seja, torna-se inevitável. Além disso, não há como se basear nas informações, colhidas apenas no que é mostrado na série, e fazer um diagnóstico de forma adequada. É difícil não conectar um pouco esses sintomas do transtorno da personalidade esquizoide com o Geralt, e talvez as pessoas acabem fazendo isso com quem conhecem ao longo da vida. Mas cuidado: diagnósticos são coisas bem mais complicadas do que somente perceber de uma maneira espontânea alguns sintomas em uma pessoa – ou em si mesmo.

O que ambos esses transtornos da personalidade (esquizoide e dependente) têm em comum é o fato de que costumam gerar muito sofrimento para as pessoas que apresentam tais condições, e em muitos casos, o sofrimento se estende para aqueles que convivem com elas. Além disso, também há grandes dificuldades para se relacionar, ter um bom desempenho no trabalho ou se sair bem em outras áreas importantes da vida pessoal. Na verdade, essa é uma característica comum entre quase todos os transtornos mentais. Não se trata de um monte de sintomas conectados, mas, sim, de sintomas que obedecem a certos critérios, como gravidade e duração, e que interferem de uma maneira considerável na capacidade da pessoa de se relacionar, trabalhar, resolver problemas cotidianos, desfrutar plenamente de momentos positivos da vida e se sentir feliz.

Muita gente tem a impressão de que basta alguém exibir certos comportamentos para que essa pessoa seja classificada em um diagnóstico. Por exemplo, presenciar um membro da família chorando muito, seu pai, durante alguns dias, algo que ele não costuma fazer, e concluir que ele deve estar com depressão. Ou ainda, reparar no quanto a sua mãe é excessivamente preocupada em trancar a porta de casa e concluir que ela sofre de transtorno obsessivo-compulsivo (TOC). Classificar as pessoas assim não é muito legal de se fazer, já que, quando diagnósticos são usados sem o propósito de planejar um tratamento e sem ser conduzido da forma adequada por alguém treinado para isso, talvez eles funcionem na prática para oprimir, discriminar ou difamar a pessoa. *Não seja alguém que faz isso, beleza?*

Profissionais capazes de diagnosticar esses comportamentos passam anos adquirindo conhecimento e ganhando experiência prática, com o objetivo de realizar uma investigação que embase um diagnóstico adequado e que é conhecida como avaliação psicológica. Mesmo para esses profissionais, há um alto grau de complexidade toda vez que avaliam um novo paciente, porque cada pessoa vive particularidades que precisam ser consideradas em cada investigação. Então, imagine a quantidade de problemas envolvidos em um diagnóstico sugerido por alguém que não possui conhecimento ou experiência adequada para fazer isso e se arrisca a fazê-lo mesmo assim? Tem tudo para dar errado.

Não é porque você já emendou uma relação em outra como muitas pessoas fazem, se sente mal quando fica sozinho muito tempo ou tem pouco interesse em se relacionar com outras pessoas que você possui algum desses transtornos que mencionei agora há pouco. Eu contei aqui alguns exemplos mais extremos envolvendo a necessidade de vínculo, mas, entre a média populacional e esses casos, existe uma grande variação dessa característica. Por causa disso, definir o que é normal para qualquer característica psicológica humana é tão problemático. Afinal, sempre haverá uma arbitrariedade ao tentar delimitar de forma exata o que é e o que não é normal.

A distância entre essas duas coisas pode parecer mais visível quando comparamos casos extremos à tendência geral da população, mas a maior parte das pessoas talvez não se encontre nem em um lugar, nem no outro, pois elas estão posicionadas em algum ponto intermediário entre a tendência geral e os extremos. Os profissionais capazes de propor diagnósticos não devem se preocupar tanto em determinar quem é normal ou não. Eles devem se focar em avaliar o quão severas e prejudiciais são as dificuldades que a pessoa tem vivenciado e que tratamentos poderiam ser mais apropriados para ela. Então, é possível sim que um padrão de relacionamentos emendados ou desinteresse por outras pessoas seja um indicativo de problemas mais amplos na vida da pessoa, mas também é possível que não. De qualquer modo, o recomendável é permitir que um profissional com treinamento adequado avalie a situação.

De maneira geral, quando as pessoas estão satisfeitas com as suas relações, elas costumam se sentir mais felizes, mais saudáveis e ficam com a saúde mental mais bem protegida contra possíveis ameaças. No entanto, quando o assunto é relacionamento, é claro que nem tudo se resume a passarinhos cantando, duendes se abraçando e unicórnios vomitando arco-íris em um rio de marshmallow. Nossa necessidade de vínculo pode acabar nos motivando, por exemplo, a experimentar drogas para nos sentirmos aceitos por um grupo de amigos ou a nos relacionar com pessoas que nos farão mal (e permanecer nessa relação mesmo que estejamos sofrendo muito).

Desse modo, em qualquer relacionamento, as virtudes como empatia e perdão são bem valiosas, porque facilitam a resolução de conflitos e ajudam as pessoas a manterem relações positivas a despeito dos erros que todos os seres humanos são passíveis de cometer algum dia. Apesar de serem vistas como virtudes megafofas, a empatia e o perdão também possuem o seu lado obscuro, visto que podem ser a porta de entrada – e a permanência – nos relacionamentos abusivos.

Errar é humano, mas errar repetidamente é mais ainda, e é neste ponto que a empatia das pessoas, dentre outros fatores, pode levá-las a se darem muito mal quando se relacionam com quem possui uma propensão a estabelecer relações violentas de poder. Logo, a mesma cola que nos une uns aos outros também pode acabar atraindo outras coisas nada fáceis de desgrudar depois. Por isso, é sempre bom ficar atento a que caminhos um relacionamento está nos levando e até que ponto esse caminho fará bem a curto e longo prazos. Apesar de um relacionamento nos ajudar a satisfazer a necessidade de vínculo, sob certas condições, ele pode dificultar que você satisfaça outras necessidades psicológicas que são tão importantes quanto.

Controle

A necessidade de controle pode ser afetada diretamente pelos seus relacionamentos. Seres humanos costumam ficar mais satisfeitos quando se sentem no controle sobre si mesmos, suas vidas e o ambiente à sua volta. Não é muito chato quando é preciso fazer algo que não se quer fazer? Ou quando se tem muita vontade de fazer algo, mas não pode? O desconforto conhecido como reatância ocorre quando a liberdade de alguém é restringida de alguma forma e isso a impulsiona pela busca de recuperá-la. Com isso em mente, é possível entender, em parte, o motivo pelo qual muitas pessoas fazem coisas que não deveriam ou que foram proibidas de fazer, tais como uma criança que pega o brinquedo que não podia ou um adulto que usa drogas proibidas em seu país. Quando alguém impõe a um indivíduo uma restrição quanto às suas ações, é provável que ele viverá a reatância, o que, por sua vez, vai motivá-lo a se sentir livre de alguma forma – mesmo que para isso seja preciso fazer uma bela de uma burrada.

Como reaver uma liberdade cerceada? A forma mais óbvia é realizando a própria ação proibida. Assim, pode ficar bem claro para o cérebro que a pessoa ainda é dona da própria liberdade, já que estaria fazendo justamente o que tentaram impedi-la de fazer. Mas não estou recomendando que você faça coisas proibidas para se sentir livre, e sim explicando o que costuma acontecer na cabeça das pessoas. Em várias circunstâncias, vão existir ótimos motivos para que alguém tente restringir o seu comportamento, para o seu próprio bem, inclusive.

A falta de controle pode ser bem angustiante, tal como você já deve ter experimentado quando ficou esperando receber aquele e-mail importante que traria o resultado de um processo seletivo ou a entrega de um produto que você comprou no exterior e que você já está perdendo as esperanças de que vá chegar um dia. Você se lembra de como foi quando o Brasil e o mundo pararam no início de 2020 por causa da pandemia? Esse foi um momento muito propício para observamos o poder que a necessidade de controle possui sobre os comportamentos humanos. O coronavírus levou o país inteiro a se isolar dentro de casa por um bom tempo para tentar desacelerar o ritmo da transmissão do vírus, visto que superlotar os hospitais levaria a situação ao pior cenário possível.

No início da pandemia, muitas pessoas se sentiram mais motivadas a aquietar sua necessidade de controle e, em parte por isso, podem ter continuado a frequentar praias e fazer aglomerações, desrespeitando as medidas que estavam sendo tomadas no mundo todo. Houve quem comprou quantidades excessivas de itens como papel higiênico e álcool em gel, com receio de que esses itens ficassem em falta. Assim, mais uma profecia autorrealizadora se cumpriu, já que essa precaução excessiva de alguns levou muitos lugares a ficar por um tempo sem itens em seu estoque. Uma das reações mais comuns à sensação de que não temos controle sobre algo é a ansiedade. Ela é uma emoção que os indivíduos sentem quando alguma ameaça futura, que passou pela cabeça deles, causa apreensão. Durante a pandemia, essa foi uma experiência atormentadora para muitas pessoas, o que era compreensível, pois havia realmente uma ameaça perigosa à solta. Ninguém sabia direito o que estava acontecendo no início e, depois, ninguém sabia direito por quanto tempo sua vida continuaria sendo tão afetada por isso.

Pensando nas reações das pessoas durante a pandemia, fica clara a função primordial da ansiedade: ela é um alarme que nos mobiliza a nos preparar para uma possível ameaça e a pensar em como podemos nos proteger dela. É como se fosse o alarme de incêndio de um prédio que, só por precaução, dispara antes que qualquer sinal concreto de fogo esteja realmente presente. A ansiedade costuma se manifestar de forma cognitiva, emocional, fisiológica e comportamental. Durante a pandemia, a parte cognitiva se refletiu em preocupações constantes sobre o que iria acontecer no próximo dia, até quando a pandemia duraria, qual o nível de prejuízo financeiro que a quarentena traria e qual o risco que os parentes e os amigos corriam. Acompanhando esses pensamentos, as pessoas também tiveram reações emocionais como irritação, nervosismo ou inquietação.

Fisiologicamente, a ansiedade pode se manifestar através de um ou mais dos seguintes sinais: batimentos cardíacos acelerados, tensão muscular, falta de ar, tremedeira, náuseas, diarreia, suor nas mãos e no corpo. A pessoa pode realizar ações também para tentar amenizar seus pensamentos, emoções e sinais fisiológicos, tais como comprar muito papel higiênico, muito álcool em gel, passar álcool em suas mãos regularmente ou ficar andando de um lado para o outro enquanto faz uma ligação para saber se a avó está bem.

Em níveis moderados, a ansiedade pode nos mobilizar a refletir sobre situações importantes do futuro e a nos preparar para lidar com elas da melhor forma possível. Lembra quando uma prova que você precisava fazer estava se aproximando e aí você foi lá e mergulhou nos estudos de um jeito que não conseguiu fazer em nenhum dos dias anteriores? Nesse caso, a ansiedade acabou motivando você a fazer o que queria e precisava fazer. Porém, em níveis muito elevados, a tendência é que a ansiedade seja tão mobilizadora, a ponto de ser quase sufocante. Durante uma crise de ansiedade, o sistema nervoso simpático fica mais ativado, e neste momento aciona-se o modo de sobrevivência conhecido como resposta de luta ou fuga. É esse mesmo sistema nervoso que entra em ação quando você se encontra em uma situação real de perigo, como quando você está sozinho à noite na rua e se depara com uma pessoa que surge do nada andando rapidamente em sua direção. O seu corpo iria se preparar para agredir a pessoa, sair correndo ou paralisar se for necessário para garantir a sua sobrevivência. Isso acontece mesmo que não haja um indivíduo vindo à sua direção: basta apenas você antecipar uma possível ameaça dentro da sua cabeça.

No nível mais agudo de ansiedade, esses sintomas podem levar alguém ao que é conhecido como um ataque de pânico.

Seguindo a lógica da analogia sobre o alarme de incêndio de um prédio que usei agora há pouco, o ataque de pânico funciona como um alarme falso e bem alto que dispara mesmo que sem qualquer vestígio de fogo e sem que ele nunca surja. Durante essa experiência, a pessoa pode sentir de forma muito intensa o receio de que vai desmaiar, de que está ficando louca, de que vai perder o controle da situação ou até mesmo de que poderá morrer, por exemplo. Esses pensamentos geralmente são acompanhados de batimentos cardíacos acelerados, suor, tontura ou formigamento de algumas partes do corpo. A pessoa interpreta esses sinais fisiológicos como evidência de que algo bizarro está acontecendo com ela, o que a deixa cada vez mais receosa; e isso, por sua vez, acaba intensificando esses sinais fisiológicos. Assim, o ciclo de retroalimentação entre receio e sinais fisiológicos cada vez mais intensos vai se fortalecendo até atingir níveis assustadores.

O transtorno de pânico ocorre quando a pessoa vivencia ataques de pânico de forma recorrente e debilitante. Ele tende a se desenvolver por meio de um ciclo de retroalimentação. Primeiro, a pessoa vivencia um ataque de pânico, cuja experiência muito desagradável a deixa angustiada com a possibilidade de vivenciá-la de novo. O problema é que esse receio acaba, ironicamente, aumentando a probabilidade de ela vivenciar mais uma vez um ataque. Isso porque, diante de qualquer sinal futuro que minimamente se pareça com a experiência do ataque, como ao sentir um leve formigamento no rosto, a pessoa pode pensar que um novo ataque está se iniciando. Assim, a angústia por si antecipada de que precisará passar de novo por aquela experiência terrível, talvez ative mais ainda o sistema nervoso simpático e todas as reações fisiológicas tão temidas.

De acordo com a situação em que alguém se encontra durante um ataque de pânico, a pessoa também pode desenvolver um outro transtorno conhecido como agorafobia. Esse transtorno envolve um medo de situações nas quais pode ser difícil encontrar uma saída ou conseguir ajuda em caso de problemas surgirem. Por exemplo, a ideia de ficar preso dentro de um elevador ou de estar no meio de uma aglomeração com mais de 300 mil pessoas – um público maior do que aquele do festival Lollapalooza. Ou ainda de dirigir entre sua casa e o seu trabalho, ou viajar em um avião. O fato é que muita gente ficaria tensa em alguma dessas situações, mas quem tem agorafobia pode ter um medo tão grande que a sua vida cotidiana acaba muito prejudicada. A pessoa pode parar de frequentar shows, mesmo que sejam da sua banda favorita; viajar muito menos, mesmo que tivesse muita vontade de conhecer outros lugares do mundo; ou não entrar em elevadores, mesmo que estivesse indo visitar um amigo que mora no décimo quinto andar de um prédio. A agorafobia também pode incapacitar a pessoa de dirigir o seu próprio carro, mesmo que por trajetos curtos e previamente conhecidos, pelo grande receio de se envolver em um acidente ou de ser vítima de algum crime que tiraria dela a percepção de controle. E, se ela acabasse em uma situação como essa, a angústia poderia ser tamanha a ponto de a pessoa viver um ataque de pânico, ficar ainda mais receosa de viver aquela situação novamente, passando então a evitar mais ainda qualquer situação que a predisponha a ir parar naquela circunstância temida – e assim a bola de neve vai se engrandecendo cada vez mais.

Em determinado momento, a agorafobia pode progredir para um nível no qual a pessoa tem receio até mesmo de sair de casa. No momento em que alguém coloca os pés para fora de casa, abdica realmente, em certo nível, da capacidade de controlar o que acontece ou deixa de acontecer ao seu redor – não há como negar. Mas também não significa que as chances de algo ruim acontecer sejam enormes. Na verdade, normalmente, não são. De todas as vezes em que você saiu de casa, com certeza, na maioria delas, não houve um acidente ou dano severo. Entretanto, o problema é que sofrer de agorafobia pode levar a possibilidade de estar em risco a um extremo que paralisa, isola e impede constantemente a pessoa de gozar de uma vida plena.

O ataque de pânico ilustra muito bem como o sistema de alarme do corpo pode interagir de uma maneira desastrosa com a mente, pois o receio excessivo de que o alarme acione, acaba disparando o alarme e, ironicamente, materializando o receio. A notícia boa é que, ao modificar qualquer uma das reações ligadas à ansiedade (cognitivas, emocionais, fisiológicas ou comportamentais), é possível começar a normalizar todas as outras reações e a encerrar a crise de ansiedade. É evidente que não é a coisa mais fácil do mundo, ou que seja fácil, mas é sim possível fazer isso e muitas pessoas que sofrem com transtorno de pânico ou agorafobia frequentemente aprendem a fazê-lo depois de um tratamento eficaz.

Durante um ataque de pânico, a pessoa pode, sem perceber, estar com a respiração muito acelerada, por exemplo. Entretanto, este fato também ocorre naquelas noites em que o sono não vem porque os miolos começam a fritar enquanto se pensa no sentido da vida. Esses momentos provocam uma aceleração tanto dos batimentos cardíacos quanto da respiração e do suor. Mas, ao controlar de forma consciente o ritmo da sua respiração, a pessoa se torna capaz de atenuar esses sinais fisiológicos, o que por sua vez reduzirá as reações emocionais, os pensamentos e a propensão comportamental que ela estava exibindo. Não é à toa que os exercícios de respiração controlada e relaxamento muscular são algumas das técnicas mais eficazes para contornar um ataque de pânico. Seguindo a mesma lógica, a pessoa também pode aprender a questionar os seus pensamentos catastróficos durante um ataque. Quando ela já aprendeu que os ataques eventualmente chegam ao fim e que aqueles sinais não são reações causadas por um mal súbito, e sim um resultado de um ciclo de retroalimentação da ansiedade, pode ser mais fácil conseguir relativizar os pensamentos que vêm à mente. Estar consciente desses processos frequentemente ajuda a amenizar os sinais fisiológicos, as reações emocionais e as tendências comportamentais.

Compreensão

À medida que a pessoa aprende a desenvolver uma visão mais racional sobre o que está acontecendo com ela durante um ataque de pânico, a tendência é que ela se sinta melhor, e isso tem a ver com o fato de ela conseguir satisfazer uma outra necessidade psicológica básica: a compreensão da realidade. O ser humano gosta de entender as coisas de forma precisa, de se entender bem, de estar certo sobre as coisas e de valorizar as suas crenças. Não por acaso, quando ele se depara com uma situação confusa, o cérebro dispara quase automaticamente em busca de uma explicação. Por exemplo, um indivíduo pode se sentir angustiado porque talvez não esteja conseguindo entender algo, como o comportamento de um amigo, as notas no colégio, o próprio humor ou porque a cantada fenomenal não deu muito certo com aquela pessoa. Diante desse tipo de questionamento, é comum haver uma busca para entender o ocorrido e prever como evitar que aquela situação se repita.

Também não é à toa que a nossa espécie desenvolveu tantas tentativas de explicar e descrever diferentes aspectos da realidade, tais como as religiões, as ideologias, a filosofia, a matemática e a ciência. Nesse caso, o que fizemos foi compartilhar ideias uns com os outros sobre como as coisas funcionam e então passamos a desenvolver essas ideias em grupos. O compartilhamento de explicações da realidade pode se tornar o principal elemento que une um grupo de pessoas, tal como ocorre quando um culto é formado. As explicações compartilhadas dentro de um grupo podem ter uma importância tão grande que o mero questionamento de alguma delas pode levar os membros a criticar, a hostilizar ou até a excluir alguém do grupo. O poder dessas ideias grupais é tão forte que já motivou governantes a tentarem exterminar grupos minoritários dentro de um país, líderes de cultos a coordenarem o suicídio coletivo dos seus membros e pilotos de aviões a colidirem durante uma guerra (esses ficaram conhecidos como camicases).

A necessidade de compreender é um dos motivos pelos quais fofocas fazem tanto sucesso entre os seres humanos, pois elas geralmente fornecem informações íntimas, de acesso restrito e possivelmente de alto valor prático sobre outras pessoas. Como foi mencionado, a espécie humana sofre atualmente as inúmeras repercussões físicas e psicológicas que existem como consequência de uma longa história evolutiva, em que a vida em grupo parece ter sido de grande importância. Uma demanda comum da vida em grupo é ter uma boa reputação determinante para designar os novos líderes, os membros efetivos, as punições e até mesmo a permanência de alguém no grupo depois de uma quantidade excessiva de vacilos. Por tudo isso, as ameaças à reputação mexem tanto com o ser humano, mesmo que muitos digam com frequência que não se importam nem um pouco com a opinião dos outros. Na verdade, seres humanos costumam ser sensíveis a avaliações negativas feitas pelos outros, e, embora algumas pessoas sejam mais sensíveis do que outras, a maioria das pessoas costuma vivenciar algum desconforto quando precisa lidar, por exemplo, com críticas.

Ao descobrir, depois de ouvir uma fofoca pesada, que uma pessoa não era tão confiável, tão benevolente ou tão coerente quanto se imaginava, ainda que essa informação seja negativa e cause a sensação de desapontamento, ela eventualmente pode trazer algum tipo de satisfação ou prazer. Isso porque é frequentemente prazeroso para o ser humano perceber que está com uma visão mais precisa de algum aspecto da realidade, que finalmente entende algo que ainda não estava entendendo muito bem e que agora pode ficar mais bem precavido por conta disso.

Faz sentido que essa propensão a querer interpretar corretamente a realidade seja uma parte essencial da natureza humana. Não só sobre a vida em grupo, mas também por razões mais elementares ainda. Um dos fatores mais importantes a sobrevivência de uma pessoa é entender como as coisas funcionam no meio em que vive. Desse modo, alguém com pouca ou nenhuma motivação estaria muito mais vulnerável a ameaças letais, vivendo nas savanas africanas há trezentos mil anos, do que uma pessoa minimamente atenta e preocupada. A pessoa motivada em aprender geralmente percebe com mais rapidez quais áreas devem ser evitadas por causa do perigo, como as proximidades de uma tribo rival ou a região pela qual um tipo de "gatinho marombeiro", mais conhecido como leão, costuma circular. Já alguém pouco motivado a fazer isso pode não perceber tão rapidamente os riscos que corre e ir parar na mesa de jantar da família de leões que mora perto do lindo rio onde ela foi tomar seu banho. Faz todo sentido psicológico que essa característica tenha sido e continue sendo importante para navegarmos de forma mais segura por diferentes ambientes com ameaças variadas.

Como seres humanos tendem a rapidamente se apegar a crenças novas – já que é prazeroso perceber que fizemos uma constatação (supostamente) válida e nova sobre algo –, é muito mais difícil mudar uma crença que já existe do que criar uma nova. Isso porque a formação das nossas crenças tende a seguir pelo menos duas etapas iniciais: primeiro tendemos a acreditar no que nos é informado quase automaticamente, e só depois um segundo processo cognitivo de avaliação descarta a validade da informação ou a aceita caso ela pareça coerente. O problema é que esse processo de correção costuma ser influenciado pelas crenças prévias da pessoa. Caso ela parta de uma informação enviesada para avaliar novas informações, a tendência é que esse viés se fortaleça cada vez mais. Isso pode se manifestar por meio do raciocínio motivado: a inclinação humana de analisar informações coerentes com as suas crenças mais favoravelmente do que informações incoerentes.

Em uma situação hipotética, duas pessoas vão a um jogo de futebol e uma delas torce para o Flamengo, enquanto a outra pessoa torce para o time adversário. Ambos compareçam ao jogo com as expectativas positivas sobre seus times, as quais vão influenciar na percepção da competição. Então, um lance polêmico, mesmo que repetido três vezes em diferentes ângulos e em câmera lenta, pode gerar duas interpretações totalmente opostas entre as duas pessoas. Quem torce para o Flamengo vai defender que um lance foi pênalti se isso favorecer ao Flamengo, enquanto a outra pessoa, não. A cena repetida na TV é a mesma, mas o que muda são as crenças prévias que cada um possuía antes do jogo sequer começar. Entretanto, esse mesmo processo psicológico também afeta o julgamento de muitas outras coisas além de apenas uma partida de futebol. Essa visão pode distorcer o modo como se julgam as notícias na internet, os políticos, os amigos e as amigas e qualquer informação apresentada.

Autoestima positiva

Os seres humanos costumam apresentar a necessidade psicológica de manter uma autoestima positiva. Isso significa que, diante de uma ameaça ao modo como se sentem em relação a si mesmos, a tendência é buscar alguma forma de racionalizá-la, desqualificá-la ou ignorá-la para proteger a sua autoestima. Pode haver pessoas que tenham uma visão totalmente negativa de si mesma, que se achem um lixo, um zero à esquerda, um pedaço de cocô vagando sem rumo pelo imenso esgoto do mundo, porque, afinal, existem pessoas com autoestimas mais negativas. Entretanto, a tendência mais comum é que as pessoas apresentem autoestima positivas e que se empenhem em protegê-la sempre que parecer necessário. Isso acontece de forma bem rápida e não consciente na maior parte do tempo, o que ajuda a explicar o porquê pode ser tão difícil aprender com os próprios erros ou com os conselhos dos outros. Sua tendência será a de, quase sem perceber, racionalizar o que aconteceu ou o que foi dito quando fazer isso lhe favorecer.

Muitas vezes, é preciso quebrar a cara para finalmente aceitar uma coisa que outra pessoa tinha dito há muito tempo. Por exemplo, quando alguém aconselha a levar um casaco ao sair de casa, mas a pessoa não acha necessário e fica tremendo de frio ao longo das horas porque não quis dar ouvidos a essa dica. Quando a autoestima das pessoas toma algum tipo de soco no estômago assim, surge então a dissonância cognitiva. Trata-se de um desconforto sentido ao perceber alguma inconsistência entre os próprios pensamentos ou entre pensamentos e as próprias ações. Logo, se uma pessoa considera que toma boas decisões na vida, mas em um belo dia, tomando uma cerveja com os amigos, aceita um cigarro oferecido por alguém, como ela acomodaria tal atitude na própria cabeça? Mesmo sabendo o mal que o cigarro pode causar, de todas as substâncias cancerígenas presentes nele e que muita gente desenvolve dependência à nicotina por anos, ou seja, que fumar um cigarro provavelmente não seja a decisão mais sábia que alguém pode tomar na vida, a pessoa aceitou um cigarro. Com base nessa situação hipotética, a visão sobre si mesma como alguém que toma boas decisões mudaria? Provavelmente não.

Se essa pessoa for como a maioria das outras, vai racionalizar bem rapidinho o que fez para não manchar muito a sua reputação. É provável que ela já tenha feito uso de alguma racionalização popular quando se trata de cigarros, tal como "nem todo mundo vicia", "só um não faz mal", "só fumo quando eu bebo" ou "vou provar apenas por curiosidade e depois nunca mais". Quando o assunto é cigarro, racionalização é o que não falta, e essa é uma das principais maneiras pelas quais as pessoas lidam com a dissonância cognitiva nesse contexto.

Quando a autoestima fica balançada, vale quase tudo, menos reconhecer o erro ou permitir que a imagem seja manchada de alguma forma, pois fazer isso seria muito mais custoso cognitivamente e afetivamente do que simplesmente racionalizar os fatos. Com o passar do tempo, passa-se a fazer isso de forma extremamente automática. Acaba sendo muito mais conveniente adotar essa manobra cognitiva de baixo custo, do que encarar a dura realidade das coisas nem sempre tão admiráveis que fazemos. Por isso que, quando duas pessoas terminam um relacionamento amoroso, é comum elas saírem da relação com visões diferentes do que aconteceu. Cada uma delas adota uma visão levemente – ou extremamente – mais favorável a si mesma. Afinal, é sempre menos sofrido colocar a culpa nos outros pelas coisas que dão errado do que reconhecer as próprias falhas ou condutas contrárias às próprias crenças. Evidentemente que as pessoas não reagem assim em qualquer situação e que algumas delas são bem mais "defensivas" ou "cabeças-duras" do que outras, mas essa tendência de tentar proteger a autoestima parece ser espontânea para a maioria dos indivíduos.

A necessidade de proteger a autoestima pode ser um grande obstáculo para lidar com os conflitos em relacionamentos amorosos. Essa situação se destaca bastante durante a famosa e polêmica discussão de relacionamento (DR) – que é amada por alguns e odiada por outros. Ela pode levar duas pessoas a uma situação de estresse tão agudo que estimulará ambas as pessoas a se comportarem de uma maneira diferente em comparação com como costumam se comportar. Primeiro porque a autoestima da pessoa está na mira, correndo o sério risco de ser destruída por uma das pessoas mais importantes da vida dela. Segundo porque, como muitas DRs se arrastam por várias horas, outra coisa que eventualmente acomete as partes é o cansaço. Quando estão cansadas, elas se tornam menos capazes de autorregular os próprios comportamentos, fazendo com que a racionalidade se torne mais frágil. Como muitas alfinetadas e tópicos polêmicos podem ser levantados em uma DR mais acalorada, é possível incluir nessa situação um mix de emoções intensas e confusas. Ou seja, o indivíduo fica na defensiva, cansado e com um monte de sentimentos intensos e confusos. Com certeza, muita coisa pode dar errado quando alguém está assim.

O meu objetivo não é lhe dar conselhos amorosos, tal como o personagem Hitch, do filme *Hitch – Conselheiro amoroso*, mas tenho algumas dicas boas de como lidar com uma DR visando preservar o seu relacionamento e o seu bem-estar. Em uma DR, o ideal é tentar ativamente colocar essas dicas em prática e avaliar se elas ajudaram de alguma forma a não deixar que a discussão se transformasse em uma disputa para ver quem sai da conversa com mais dignidade. A primeira dica é não tentar evitar a DR, pois se o seu parceiro ou sua parceira está tentando iniciar uma, certamente é por algum motivo que vale a pena. É comum que as pessoas sintam preguiça de DRs e as posterguem tanto quanto for possível. Além de piorar a angústia de quem precisa conversar, também agrava o problema em si, que inclusive pode estar relacionado à sua indisposição para se comunicar em seu relacionamento. Deve ser bem chato estar angustiado com algo envolvendo o seu relacionamento e tentar se comunicar com o parceiro ou a parceira para resolver a situação, e receber desculpas para adiar uma discussão, não acha?

No início da DR, tente definir junto ao seu parceiro qual é exatamente o problema em questão. É especialmente importante ouvir isso da pessoa que está querendo iniciar a DR. Se não existe um foco muito claro, vocês podem acabar dando voltas e mais voltas, se magoando e não conseguir resolver nada. Tenha paciência e ajude a pessoa a se expressar demonstrando uma postura aberta, acolhedora, curiosa e empática. Pode ser bem desagradável ter que expressar algo ruim para o seu parceiro e pior ainda tentar fazer isso percebendo que tudo o que ele quer é que aquilo termine logo. Outra coisa que pode ajudar muito é, depois que a pessoa terminou a exposição de algo por completo, repetir com as suas próprias palavras as coisas que foram ditas por ela e pedir que confirme se você entendeu certinho o que ela disse. Nem sempre vai ser a coisa mais fácil do mundo para o seu parceiro expressar de forma totalmente clara o que ele está sentindo ou o que está incomodando – isso pode estar confuso até mesmo para ele. Ele não quer te magoar desnecessariamente com o que vai dizer, e sim conseguir lidar com um incômodo. Por isso, ter cuidado e pedir confirmações daquilo que você entendeu pode evitar ruídos desnecessários na comunicação e facilitar a resolução do problema.

Evite ao máximo fingir que está tudo bem se isso não for verdade. Fica bem mais difícil para a outra pessoa pensar em soluções efetivas para a situação conflituosa se ela não tiver uma boa noção do que você está sentindo a respeito do que ela expressou para você. Algumas pessoas podem preferir não ser totalmente sinceras para evitar conflitos ou encerrar mais rapidamente a DR, mas, ao fazer isso, podem estar fragilizando desde o começo o potencial de qualquer solução que for proposta pelo parceiro. Porém, se logo no começo a pessoa revelar de forma sincera o que está sentindo sobre a situação, a outra parte também poderá levar em conta esse conjunto de informações tão essenciais na hora de raciocinar melhor sobre as propostas.

É comum que, durante uma DR, uma das pessoas do casal fique com muita raiva de algo e comece a se comportar de forma agressiva. Esse é um momento decisivo de uma DR em que ou tudo vai por água abaixo ou a agressividade é revertida para retomar ao objetivo inicial de resolução de problemas. Tudo isso vai depender muito da reação da outra parte que permaneceu calma até aquele momento. Por mais que possa ser muito difícil segurar a onda quando a outra parte perde as estribeiras, essa é a única forma de o casal não começar uma escalada de agressividade e se colocar em uma situação de mais estresse ainda, que pode causar rompimento da relação ou violência. Para diminuir a probabilidade de o casal chegar a esse ponto, pode ser mais sábio sugerir de forma assertiva a interrupção da DR. Algumas pessoas podem ver isso como uma tentativa de fugir da discussão e é bem isso mesmo, mas não necessariamente por não dar conta de discutir ou não querer. Então, o melhor é propor a interrupção por perceber que as circunstâncias estão evoluindo para um cenário no qual os pombinhos poderão perder cada vez mais a capacidade de agir de forma racional, pacífica e de realmente conseguir encontrar uma solução para o problema.

Às vezes, por mais inteligente, cuidadosa e carinhosa que a pessoa seja, ainda assim é possível que haja sérias dificuldades de realmente entender o que a outra parte está tentando esclarecer quando a pessoa sente a sua autoestima ameaçada. Por isso, ouvir o outro durante uma DR demanda esforço em dobro para entender da forma mais precisa possível o que está sendo exposto. É claro que essas dicas não vão ajudar a resolver todas as situações envolvendo quaisquer duas pessoas, porque, afinal, existem relacionamentos tão complicados que dificilmente alguma dessas dicas evitaria a escalada de agressividade. Além disso, pode ser extremamente difícil colocar algumas delas em prática, exatamente porque o ser humano é uma espécie com necessidades fortes de vínculo, de controle e de preservar uma autoestima positiva.

A necessidade de vínculo nos motiva a ter uma postura conciliatória, ao mesmo tempo que a necessidade de controle nos motiva a ter uma postura impositiva durante uma DR. Essa é, então, uma situação quase inerentemente conflituosa por conta da maneira como a nossa mente funciona. O resultado de uma DR é imprevisível e depende do que as pessoas fazem durante essa interação. Depois que ela se transforma em uma disputa de egos, pode ficar mais difícil que o casal consiga se conciliar.

A busca por uma autoestima positiva é uma das razões pelas quais pode ser tão complicado lidar com críticas, visto que elas funcionam muitas vezes como uma ameaça à autoestima. Apesar de serem desagradáveis, críticas podem ter uma grande utilidade quando sabiamente analisadas, mesmo aquelas feitas de forma agressiva e estúpida – como é comum na internet. Uma crítica pode conter informações difíceis de serem enxergadas sobre as suas condutas que, caso você conseguisse usar a seu favor, poderiam lhe economizar muitas dores de cabeça no futuro. Algumas críticas não terão embasamento real e serão apenas tentativas afetivamente carregadas de fazer a outra pessoa se sentir mal. Obviamente que essas não ajudam muito mesmo e deveriam ser ignoradas, mas mesmo a crítica inflamada de alguém às vezes pode conter informações verdadeiras que revelam posturas problemáticas antes despercebidas.

Ser humano é estar fadado a cometer erros ao longo da vida. De modo que, por mais desagradáveis que possam ser as críticas, elas são uma das poucas formas de receber alguma assistência externa para notar algo sobre si mesmo, que não foi possível perceber sozinho. Se uma pessoa elogia o que a outra fez, dificilmente haverá uma motivação para mudar alguma coisa a respeito do próprio comportamento. Porém, se recebe uma crítica, a história é bem diferente. A tendência é de a pessoa vivenciar a tal da dissonância cognitiva, que vai motivá-la a fazer algo para reduzi-la. Afinal, a dissonância pode ser amenizada com a mudança de comportamento, alternância de pensamentos conflitantes ou desenvolvimento de um novo pensamento que permita a racionalização de algum ato. Como é possível antecipar, a mudança de comportamento talvez seja a última coisa que alguém pensa em fazer nessa situação.

Talvez você tenha se perguntado: "E por que será que nós tendemos a querer tanto preservar uma autoestima positiva?". Tente pensar na autoestima como uma espécie de "termômetro social" que, em vez de indicar a temperatura do corpo, indica o quanto a reputação da pessoa anda boa com as demais. Ou seja, o quanto os outros gostam, confiam, respeitam e admiram aquela pessoa. Quando a reputação parece estar boa, a autoestima tende a ser mais positiva, no entanto, quando alguém anda com o "filme meio queimado", a tendência é ficar com a autoestima mais negativa.

Quando a nossa autoestima fica negativa, isso pode nos motivar a agir de maneiras que ajudam a reestabelecer uma reputação positiva com os outros. Por exemplo, a autoestima negativa pode levar a pessoa a ficar triste, mais calada e isolada. As outras pessoas, ao perceberem que você não está bem, podem ficar motivadas a lhe oferecer apoio e a desculpá-lo pelos seus vacilos. A culpa que muitas vezes também acompanha a autoestima negativa pode motivar você a se comunicar com alguém que possa tê-lo chateado, pedir desculpas e se reconciliar com ele.

Por mais desagradável que seja se sentir mal por causa das próprias ações, esse termômetro social pode ter uma função extremamente valiosa ao facilitar a restauração da reputação de uma pessoa em um grupo. Agora imagine como ficaria a sua autoestima se você sofresse por qualquer ameaça que surgisse por aí? Ao aceitar uma crítica, você sabe que, por mais bacana que ela possa ser para o crescimento pessoal, também costuma ser bem dolorida. É desagradável, e todo organismo na face deste planeta está propenso a evitar aquilo que é aversivo.

Sentido na vida

A importância de um sistema de proteção da autoestima fica evidente ao observar alguém vivendo a depressão. Daqui a pouco, eu vou falar mais sobre a depressão para você, mas, em linhas gerais, uma pessoa que sofre dessa condição costuma apresentar uma autocrítica mais dura do que a maioria das pessoas. A mente dessa pessoa pode se tornar dominada por uma culpa excessiva pelas coisas indesejáveis que já fez ou por pensamentos ruins sobre si, como se achar estúpida, inútil, fraca, ridícula ou um fardo para os outros. Pode ser difícil ficar de bem com a vida quando se passa por uma condição como essa. Essa situação apresenta a última necessidade psicológica básica da qual quero falar com você: a de ver sentido na vida. O sentido na vida pode parecer algo meio inacessível ou misterioso, mas na verdade, é através das experiências corriqueiras que seres humanos costumam extrair muito do sentido que enxergam em suas vidas.

Você pode enxergar sentido na vida à medida que percebe significância (quando você sente que a sua vida é intrinsecamente importante e digna de ser vivida), propósito (quando você consegue perceber que objetivos e direções quer perseguir) e coerência (quando você percebe que a sua vida é compreensível e possui uma lógica). Se você vê muito sentido na vida, é mais provável que perceba todos esses três aspectos nela, mas você também pode perceber alguma dessas dimensões mais claramente do que outras. Quando seres humanos enxergam sentido na vida, eles costumam ser mais felizes, produtivos, tendem a possuir uma saúde mental mais protegida contra transtornos mentais e uma saúde física melhor também. Isso faz tanta diferença que essas pessoas têm chance menor até de ter um ataque cardíaco. O peso disso fica mais claro se levarmos em conta que doenças cardiovasculares são a maior causa de morte no mundo, representando cerca de 31% de todas as mortes.

Talvez você esteja se perguntando: "Mas por que será que ver sentido na vida é tão importante assim para a gente?". Para entender isso, pensa comigo: qual deveria ser um dos principais problemas com que precisávamos lidar para sobreviver e se reproduzir há trezentos mil anos? Talvez uma das coisas mais decisivas para a sua sobrevivência naquela época seria estar motivado a entender o que está acontecendo à sua volta. Se alguém o observasse com cara de ódio ou se aquele gatinho marombeiro, mais conhecido como leão, estivesse vindo em sua direção, seria uma boa ideia entender o que estava acontecendo para tentar se proteger.

Entretanto, quando um ambiente transmite estabilidade, coerência, ordem e previsibilidade, é um ótimo sinal de que ele pode ser vantajoso e seguro para ficar. Desse modo, perceber sentido na vida pode ter funcionado no passado como um sinal psicológico de que o ambiente imediato é ordenado, estável e minimamente previsível. Quem se sentisse bem com esse sinal provavelmente ficaria mais motivado a permanecer em ambientes que parecessem mais seguros. Logo, aqueles ambientes seriam mais propícios para sobreviver e se reproduzir. Então, ver sentido na vida e ser positivamente afetado por ele pode ter feito toda a diferença no nosso passado evolutivo e isso pode continuar nos afetando até hoje, já que os nossos cérebros não se modificaram drasticamente nos últimos milhares de anos. Perceber que estamos em um ambiente coerente e que faz sentido nas nossas cabeças, embora não vá mais nos impedir de ser lanchado repentinamente por uma onça, ainda parece não só ser uma sensação agradável, como também altamente impactante em nossas mentes e comportamentos.

Para você ter uma noção mais clara desse impacto, basta pensar no que acontece com alguém vivendo o transtorno depressivo maior (mais conhecido como depressão). Para essas pessoas, a vida pode fazer pouco ou nenhum sentido e elas têm uma grande dificuldade de enxergar as coisas fora de uma perspectiva muito negativa. A depressão pode ser vivida de diferentes formas, mas geralmente, a pessoa apresenta pelo menos um humor deprimido na maior parte do tempo e uma perda repentina de interesse por atividades que antes geravam prazer.

O humor deprimido existe quando alguém se sente na fossa: vazio, triste, desanimado e pessimista. A pessoa com depressão costuma se sentir assim durante a maior parte do dia e por vários dias. A tristeza parece que nunca mais vai acabar. Além disso, há um desinteresse mesmo com aquelas atividades que amava de paixão, como tocar violão, jogar *League of Legends*, assistir a uma série da qual estava gostando na Netflix ou estourar plástico-bolha.

Também pode ocorrer a perda ou o ganho considerável de peso ou o apetite excessivo sem um objetivo premeditado, a insônia ou o sono intenso, a agitação física ou a lentidão, o cansaço demasiado, os sentimentos de inutilidade, inferioridade ou inadequação, as dificuldades para raciocinar, concentrar-se ou tomar decisões, e o pensamento frequente em suicídio ou tentativas de concretizá-lo. Pessoas com essa condição apresentam vários desses sinais na maioria dos dias – com exceção, claro, de extremos como as tentativas de suicídio –, os quais se estendem por pelo menos duas semanas seguidas e provavelmente atrapalham bastante as diferentes áreas da vida, como os relacionamentos, os estudos, o trabalho e até mesmo as tarefas mais banais e cotidianas que precise realizar.

Uma pessoa pode desenvolver a depressão a depender de duas coisas principalmente: predisposições e fatores precipitantes. Algumas das predisposições mais importantes são os genes, a vulnerabilidade cognitiva a estímulos negativos e a reatividade ao estresse. Vou lhe explicar melhor cada uma delas. Por exemplo, um histórico de depressão na família pode predispor alguém a desenvolvê-la em algum momento. Não se sabe ainda se todos os genes que contribuem para isso, mas aqueles que possuem uma ou duas cópias da região polimórfica do gene 5-HTT (a 5-HTTLPR), por exemplo, tendem a exibir maiores níveis de depressão após vivenciarem situações muito estressantes, como sofrer maus-tratos na infância. Antes de se preocupar com a possibilidade de ter ou não uma cópia dessa região polimórfica, é bom saber que tê-la pode até ser uma propensão a algo, porém é totalmente viável haver essa predisposição genética para a depressão e nunca a desenvolver. Do mesmo modo, pode-se desenvolver a depressão ainda que não possua uma predisposição genética. Basta viver experiências muito estressantes durante a infância, por exemplo, para se tornar mais propenso a desenvolver essa condição posteriormente.

Seja por causa de uma predisposição genética ou devido a experiências negativas vividas no início da vida, ou ainda alguma interação entre essas duas coisas, uma pessoa pode desenvolver uma vulnerabilidade cognitiva a estímulos negativos. Pessoas com depressão costumam prestar mais atenção, lembrar-se com maior facilidade e ser mais sensíveis a informações negativas. Ao mesmo tempo, elas tendem a ignorar, a esquecer e a ser menos sensíveis a informações positivas (vão dar mais importância para críticas que receberam, por exemplo, enquanto os elogios serão ignorados). Essa vulnerabilidade cognitiva costuma funcionar como um fator de risco que está presente antes de a pessoa desenvolver a depressão. Com o passar do tempo, esses vieses cognitivos talvez provoquem na pessoa uma tendência a ter expectativas e interpretações mais negativas de si mesma, do mundo à sua volta e do futuro, algo conhecido como a tríade cognitiva da depressão.

A última predisposição que preciso lhe explicar é a reatividade ao estresse. Algumas pessoas reagem de forma mais intensa e prejudicial a situações estressantes do que outras e isso acaba tornando-as mais vulneráveis a desenvolver a depressão. O que significa, em nível cerebral, uma desregulação do eixo hipotálamo-pituitária-adrenal (HPA), que costuma estar intimamente ligada à depressão. *O nome não é nada carismático, mas a sigla é até aceitável, né?*

O eixo HPA ajuda a regular, entre várias coisas no corpo, as reações ao estresse, sendo que tais situações tendem a elevar os níveis do hormônio cortisol mais em pessoas com depressão do que naquelas sem depressão. Então, quando o cortisol permanece elevado de forma prolongada, pode haver consequências péssimas, como a atrofia de regiões cerebrais. Se a atrofia ocorre na região do hipocampo, o estresse pode piorar ainda mais, pois essa região está relacionada, entre outras coisas, à inibição das atividades do eixo HPA. Em outras palavras, se o hipocampo é danificado pelos altos níveis de cortisol, a reatividade da pessoa ao estresse vai se tornando cada vez mais intensa.

Ter qualquer uma dessas predisposições não garante com certeza que uma pessoa vá desenvolver a depressão. O mais comum é que algum fator precipitante entre em ação e aí, junto às predisposições de cada um, ele pode instigar a manifestação inicial dos sintomas depressivos. Alguns dos fatores precipitantes mais comuns são situações estressantes como o término de um relacionamento, sentir-se rejeitado ou excluído por alguém, a morte de um parente ou sofrer maus-tratos infantis. O fator precipitante não precisa necessariamente ser um único evento traumático como esses que mencionei. Situações estressantes menos intensas, mas que afetam a pessoa de maneira mais recorrente, tais como dificuldades financeiras, dificuldades em ser produtivo, *bullying* ou relacionamentos problemáticos também podem ser fatores precipitantes. Depois de vivenciar alguma experiência desse tipo, a pessoa talvez se torne mais sensível a novas situações estressantes, possivelmente porque o eixo HPA tenha se tornado mais desregulado e, a partir daí, mesmo situações menos estressantes já podem estimular o início de sintomas depressivos.

E o que existe de comum entre esses fatores precipitantes? Além de todos serem situações estressantes, eles envolvem algum tipo de perda aparentemente irreversível ligada a necessidades biológicas ou psicológicas básicas, como a de vínculo ou a de autoestima positiva. Da sua própria forma, cada uma dessas situações pode ser entendida pelo nosso cérebro como a perda de algo que era vital para nós e que se foi para sempre. Dependendo da fase da vida, diferentes fatores precipitantes podem ser mais impactantes. Na infância, perder um dos seus cuidadores pode representar uma das perdas mais dolorosas; na adolescência, sentir-se excluído pelos seus amigos pode ser devastador; na fase adulta, terminar um relacionamento romântico pode ser especialmente difícil de lidar; e, na terceira idade, tornar-se incapaz de ser produtivo depois de viver anos assim pode despertar os sintomas depressivos.

Para lhe explicar melhor o porquê de alguns reagirem dessa forma, pense em duas pessoas que estiveram em uma relação amorosa por muitos anos e que acabou. O relacionamento era uma forma muito importante pela qual ambos eram capazes de satisfazer algumas necessidades básicas como a de vínculo. Ao longo do tempo, o casal foi investindo cada vez mais na relação – tempo, dinheiro, energia, expectativas, *Tupperwares*, planos, sacrifícios e bem-estar. Porém, quanto maior for o investimento no relacionamento, maior será a perda percebida no fim dele. Quando nosso cérebro identifica uma perda muito grande que parece irreversível e que está relacionada a algo vital em nossa vida, a nossa reação espontânea pode ser a de evitar qualquer ação que não seja estritamente fundamental para a nossa sobrevivência.

Essa reação é algo bem parecido com o "modo de economia de energia", que é acionado quando a bateria do celular está quase acabando e não há como recarregá-lo tão cedo. Ou seja, é como se a pessoa acionasse esse modo, porque está antevendo a potencial escassez de energia depois de vivenciar uma perda tão desgastante. Nosso cérebro entra em um tipo de funcionamento em que o foco é conservar energia, e isso faz com que coisas como sexo, alimentação, relacionamentos e qualquer outra coisa fique em segundo plano. Isso ajudaria a explicar muitos dos sintomas observados na depressão, tais como alterações no sono, apetite, libido e peso. Por ficarmos menos ativos como um todo, poderíamos permanecer mais vigilantes para identificar novas possíveis ameaças no ambiente e assim nos protegermos. Teoricamente, essa estratégia "depressiva" de economia de energia associada a uma vigilância mais elevada de ameaças poderia permitir que o indivíduo fosse capaz de sobreviver por mais tempo, sem desperdiçar energia até que a situação à sua volta se tornasse um pouco melhor.

Talvez você esteja pensando: *Mas, André, então você está sugerindo que a depressão pode ser até mesmo benéfica em certas circunstâncias?* Preciso explicar melhor aonde quero chegar, pois não é exatamente isso. Os sintomas depressivos caracterizam a depressão e costumam ser reações prejudiciais para muitas pessoas. Entretanto, em níveis mais moderados, uma pessoa pode vivenciar sintomas depressivos sem desenvolver a depressão propriamente dita. Na realidade, a maioria das pessoas que vive ou viveu sintomas depressivos não desenvolveu a depressão; além disso, é muito mais comum as pessoas se sentirem tristes do que sofrerem do transtorno depressivo maior. Existe a possibilidade sim de que sintomas depressivos funcionem como uma estratégia relevante de sobrevivência sob certas condições, mas a depressão, por definição, é algo debilitante e que não favorece a integridade de ninguém.

Esse tipo de reação em que o organismo se volta totalmente para a conservação da sua energia, logo após um evento muito negativo e significativo, pode ser observado de maneira relativamente parecida em certos animais. Alguns deles podem apresentar o comportamento semelhante ao de uma pessoa durante a depressão, tais como uma redução repentina nas suas atividades cotidianas. Primatas como os chimpanzés, depois de viverem um período de privação de contato social, podem chorar, ficar menos ativos, interagir menos com os seus pares, comer menos e ter dificuldade de dormir. Em outras espécies de primatas também, machos podem se confrontar fisicamente, e o derrotado tende a ser rebaixado na hierarquia do grupo. É comum quem foi derrotado demonstrar uma postura de submissão ao macho vitorioso e, assim, conseguir evitar outros danos que poderia sofrer.

Os ratinhos bebês, se são separados de suas mães, também podem passar a se movimentar muito menos do que seria o esperado, e os cachorros podem exibir esse tipo de sinal quando são separados dos seus cuidadores. Quando cachorros são expostos a uma fonte de estresse constante e incontrolável, eles podem perder o interesse mesmo pelas coisas mais importantes na vida, como comer, ter relações sexuais, destruir objetos de seu cuidador ou brincar. Eu não estou tentando convencer você de que outras espécies também são capazes de viver exatamente o mesmo tipo de coisa que seres humanos vivem quando estão com depressão. Dificilmente essas experiências entre espécies diferentes seriam perfeitamente iguais, considerando todas as diferenças cerebrais e cognitivas existentes. Só para deixar bem claro: sou contra o antropomorfismo! Mas isso não muda o fato de que essas outras espécies exibem respostas bem parecidas com alguns dos sintomas depressivos mais típicos, e isso me instiga a pensar na relação que pode existir aí.

Não é o ideal chamar essas reações das outras espécies de "depressão", mas na prática, o que importa é que alguns sintomas depressivos que observamos em humanos são exibidos em algum nível por outras espécies. Mais surpreendentemente ainda é que essas espécies também costumam exibir tais sinais em decorrência de fatores precipitantes parecidos com os nossos: exclusão social, perda de relacionamentos importantes, morte de parentes e outras situações estressantes. Seria mera coincidência? Provavelmente não. Lembre-se de que a espécie humana não foi trazida aqui na Terra por algum tipo de entregador interplanetário de encomendas, e sim nasceu aqui há cerca de trezentos mil anos. Esse processo foi possível a partir de uma outra espécie conhecida como *Homo heidelbergensis*, dos quais herdamos muito mais do que apenas o gosto por viajar pelo mundo.

Assim, a reação depressiva a perdas graves e irreversíveis pode ser uma resposta que se desenvolveu em uma ou mais espécies extintas. Para elas, no contexto em que viviam, a resposta depressiva talvez tenha sido mais vantajosa do que outras respostas possíveis. Além disso, essa reação pode ter sido adaptativa para muitas outras espécies que vieram depois delas. Também em relação à espécie humana, a exibição dos sintomas depressivos pode ter sido uma estratégia de conservação de energia que, em média, acabava sendo mais vantajosa do que outras opções de ação durante algum período. Vale ressaltar que essa é uma das explicações da possível função por trás dos sintomas depressivos, sem descartar a existência de outras – assim como ocorre com tudo quando se trata de comportamento humano.

Eu quis lhe contar essas coisas sobre sintomas depressivos porque geralmente as pessoas só pensam no seu lado negativo – e, realmente, esse lado é bem negativo mesmo. A depressão é sem dúvida uma condição que costuma ser muito debilitante e sofrida para quem a experimenta. Mas saber que os sintomas depressivos podem ser uma estratégia evolutivamente antiga de se adaptar ao meio diante de um acontecimento muito negativo talvez o ajude a entender que existe uma razão para que as pessoas reajam dessa maneira e que, sob certas condições, os sintomas depressivos podem fazer sentido e até mesmo ser úteis para quem os vivenciam. Se serão úteis ou não vai depender muito da gravidade dos sintomas depressivos e do contexto no qual a pessoa está. Quem vivencia o transtorno depressivo maior, certamente terá a sua vida prejudicada, a não ser que busque um tratamento adequado para ela.

Muitas das experiências psicológicas que os seres humanos vivem, por mais desagradáveis que possam ser, são reações naturais do nosso corpo que visam nos ajudar na tarefa de se adaptar às circunstâncias nas quais nos encontramos. E essa tarefa não é nada fácil, visto que há situações com níveis variados de complexidade, previsibilidade e perigo. Além disso, os tempos mudaram, os ambientes em que as pessoas vivem mudaram, porém o cérebro ainda permanece com uma estrutura bem parecida daquela há milhares de anos. Quando você vive experiências como a ansiedade ou os sintomas depressivos, o seu cérebro está usando as respostas que ele sabe produzir para tentar guiá-lo pelo caminho mais seguro. Então, ele pode mobilizar a pessoa para poder antever e lidar com uma possível ameaça futura, para se resguardar depois de uma perda vital e muitas outras coisas. Nem sempre isso vai ser feito da forma ideal e muitas vezes será de um jeito que vai doer bastante.

Mas acredite: apesar das suas trapalhadas, o seu cérebro está sempre tentando preservar a sua integridade com as ferramentas imperfeitas das quais ele dispõe.

Necessidades em conflito

Quando você notar algo que impacta bastante a mente da maior parte das pessoas, como ter relacionamentos, sentir-se no controle ou perceber sentido na vida, provavelmente essa coisa é bem importante. Isso não é por acaso, muito pelo contrário, ela é uma consequência clara do passado evolutivo e da cultura em que as pessoas vivem. E quando falo "passado evolutivo", não estou me referindo só ao passado da nossa espécie, mas também ao de todos os seres vivos dos quais nós descendemos. Essas necessidades biológicas e psicológicas das quais falei não surgiram do nada, a partir do momento em que a nossa espécie já estava caminhando por aí mundo afora. Nós herdamos muitas das nossas principais características de várias formas de vida que nos antecederam e que hoje nem existem mais.

O modo como essas necessidades nos ajudam não é perfeito e volta e meia a sua mente pode dar *bugadas* que mais atrapalham do que ajudam, mas isso ocorre porque, por ser um tanto quanto paleolítico – período que durou de 2,5 milhões de anos até aproximadamente dez mil anos atrás –, o cérebro vive em uma realidade cultural muito diferente daquela na qual a espécie tem vivido na maior parte do tempo de sua existência. *Lembra do descompasso evolutivo?* Por boa parte desse período, o ser humano não viveu em grupos tão gigantescos, com culturas tão imponentes e com tecnologias tão capazes de alterar o cotidiano quanto hoje em dia. Por causa disso, o cérebro ainda está calibrado para lidar com uma realidade diferente dessa vivida na atualidade, o que pode aumentar as chances de a cabeça não funcionar do modo esperado.

Talvez você já tenha tido a sensação de que as pessoas nunca parecem estar totalmente satisfeitas com elas mesmas e com as suas vidas. Você mesmo talvez seja uma dessas pessoas. Quando está comprometido, pode sentir falta da liberdade que a vida de solteiro lhe proporcionava. Quando está solteiro, pode sentir falta de nutrir um sentimento mais forte por alguém e contar com um parceiro romântico em sua vida. Quando você está em um bom emprego, pode fantasiar sobre como seria menos estressante largar tudo e "ir vender sua arte na praia com as coisas que a natureza dá *pra* gente". Em contrapartida, quando se encontra desempregado, o desespero pode surgir caso seja difícil arranjar um emprego, motivando a pessoa a fazer de tudo para conseguir até o emprego mais chato disponível.

Uma possível explicação para esse cenário é que parte desses paradoxos da satisfação com a vida é resultado de conflitos quase inevitáveis entre as necessidades básicas que o ser humano tem, considerando que satisfazer uma pode implicar não satisfazer outra. Quando estamos solteiros, nossa necessidade de controle, por exemplo, costuma estar mais satisfeita de maneira geral, já que conseguimos exercer a nossa autonomia com mais facilidade, controlar nossas rotinas e fazer o que bem entendermos. O início de um relacionamento romântico pode ajudar a satisfazer a sua necessidade de vínculo, que talvez já andasse meio largada há algum tempo, mas inevitavelmente, o relacionamento também dificultará a satisfação da necessidade de controle e isso é mais verdadeiro ainda se você se casar com uma pessoa. Sua autonomia acabará sendo restringida em alguma medida, sua rotina será impactada pela rotina da pessoa com quem você vive (caso vocês morem juntos) e você provavelmente não poderá mais fazer absolutamente tudo o que gostaria no momento exato em que quiser.

A mesma lógica também se aplica a outras necessidades. Por exemplo, em busca de proteger a tão almejada autoestima positiva, é possível rebater uma crítica por meio da desqualificação das competências cognitivas de quem o criticou. Essa estratégia seria pouco amigável, mas ótimo, mais uma vez a autoestima ficaria protegida de uma ameaça. Porém, e se a crítica feita pela pessoa tivesse sido razoável? E se, dentro dessa crítica, houvesse uma informação relevante sobre as condutas que, até aquele momento, não tinha percebido sozinho? Nesse caso, a ânsia por preservar a autoestima positiva prejudicaria a capacidade de perceber as coisas de uma forma precisa – algo que ocorre com bastante frequência.

Ao mesmo tempo, ao aceitar completamente a crítica feita por alguém, pode haver um grande baque na autoestima, dependendo da gravidade do que foi dito. Então, temporariamente seria mais difícil ver sentido na vida, o que costuma levar a pessoa a se afastar dos outros. Além disso, a capacidade de enxergar a realidade de forma acurada ficaria prejudicada, a autoestima ficaria mais negativa e o controle sobre as coisas pareceria ter se dissipado. Em outras palavras, ficaria mais difícil satisfazer qualquer uma das outras necessidades básicas, até mesmo a de sobrevivência – não é à toa que a depressão costuma fazer um grande estrago na vida das pessoas.

Essas necessidades também possuem alguma dependência entre si. A relação mais óbvia é a com a necessidade de sobrevivência, que, sem conseguir atendê-la, não há como atender nenhuma outra. A necessidade da sobrevivência se relaciona à de fazer parte de grupos, porque isso não ajuda somente a satisfazer a necessidade de vínculo, mas também a sobreviver e a se reproduzir, já que o grupo proporciona uma situação de maior proteção e fornece um acesso mais fácil a potenciais candidatos para a vaga de *mozão*. A satisfação da necessidade de ter uma visão acurada contribui para que a autoestima fique positiva, e ela, por sua vez, funciona como um dos pré-requisitos para ver sentido na vida. Por isso, é natural nunca estar 100% satisfeito com todos os aspectos da vida. Os desejos humanos são razoavelmente paradoxais entre si, e cabe a cada pessoa descobrir qual é o nível de satisfação de cada necessidade capaz de proporcionar o melhor equilíbrio na vida, visto que não é nada simples satisfazer total e simultaneamente todas as necessidades básicas.

Talvez seja mais importante para você garantir que a necessidade de controle esteja bem cuidada ou, na verdade, a necessidade de vínculo pode ser tão importante a ponto de você conseguir se sentir bem feliz, mesmo com a autonomia um pouco mais restrita. É possível que a grande necessidade de ter uma visão acurada da realidade já tenha levado uma pessoa a perceber que o controle das coisas é mais limitado do que gostaria, o que pode reduzir a demanda do controle no cotidiano. Podem existir diferentes configurações de vida que são mais compatíveis com as necessidades particulares de cada organismo, que não servem igualmente para todas as pessoas.

Muitas dessas necessidades básicas são antigas neste planeta – e parece que estão aqui para ficar e, por isso mesmo é preciso conhecê-las e aprender a lidar com elas da melhor maneira possível para que a vida seja mais feliz e significativa. Negar a existência delas ou agir de forma negligente não faz com que elas sumam, mas apenas prolonga o possível sofrimento e os prejuízos desencadeados pela falta de cuidado. Embora a ajuda externa de alguém possa ajudar, como a de um psicoterapeuta, no fim do dia a própria pessoa será a única capaz de entender melhor as suas necessidades, pois entender a importância que cada uma tem na sua vida e realizar as ações para realmente melhorá-las são atitudes que dependem apenas da pessoa. Ainda que o auxílio externo possa ser extremamente importante – e com certeza é recomendado –, no fim ele é apenas isso mesmo: um auxílio. Queria dizer só mais uma coisa inspirada no que Bob Marley disse em "Redemption Song", uma das suas músicas de que eu mais gosto: ninguém além de você mesmo pode libertar a sua mente.

CAPÍTULO 3

Posso confiar em seres humanos?

Resposta curta: depende.

Resposta longa: um bom exercício para chegar a essa resposta é pensar por alguns segundos em quais pessoas você mais confia no mundo. *Elegeu pelo menos o seu top 5?* Provavelmente, todos pensem nos próprios pais, no parceiro ou parceira amorosa, caso tenha, e nos amigos e nas amigas mais próximos. É relativamente seguro afirmar que você pode confiar nesse pessoal na maior parte do tempo, mas, quanto ao resto da humanidade, infelizmente depende de vários fatores.

De volta ao exercício, pensando naquela lista, o *top* 5 de pessoas em quem mais confia, pode-se encontrar algo em comum entre esses indivíduos? Eles provavelmente são membros dos grupos mais apreciados por cada pessoa. Sabe-se que a espécie humana teve um passado em que a vida em grupo foi muito importante e que um resultado disso é a predisposição para cooperar e confiar nos membros dos grupos ao qual faz parte. Tudo isso continua sendo verdadeiro, porém agora em uma dimensão muito mais ampla e complexa do que há milhares de anos. Atualmente, a vida da maioria das pessoas está intimamente entrelaçada no cotidiano.

Um exemplo dessa situação é imaginar como o almoço dos seres humanos hoje depende fundamentalmente da confiança em outras pessoas. Os grãos, os legumes e os vegetais presentes nas refeições provavelmente não foram plantados e cultivados pela própria pessoa que os consome, assim como a carne provavelmente não veio de um animal que a pessoa mesmo criou, sacrificou e preparou para consumo. Portanto, é necessário confiar na procedência desses alimentos e no trabalho dos órgãos fiscalizadores. Do mesmo modo, não é comum que as pessoas façam os próprios pratos, talheres, guardanapos, ou o azeite de oliva, a cadeira e a mesa usada durante o almoço. Se você almoçar em um restaurante, um terceiro vai temperar e cozinhar; se fizer um pedido por aplicativo, um terceiro vai precisar entregar. Logo, o almoço de hoje, da maioria das pessoas, talvez nem fosse possível não fosse por vários indivíduos desconhecidos. Entretanto, passar mal por comer algo na rua que provavelmente estava estragado, também é uma evidência de que confiar nos outros nem sempre dá certo.

Na maioria das vezes, confiar nos outros é mais uma necessidade prática do que qualquer outra coisa. Independentemente das coisas que vou comentar com você a partir de agora, um fato é que a vida moderna que muitos de nós levamos seria praticamente inviável sem que houvesse uma confiança generalizada entre desconhecidos. Para a nossa sorte, essa confiança costuma trazer muito mais benefícios do que prejuízos. Os comportamentos das pessoas podem ser difíceis de predizer sem que você saiba algo sobre elas antes. Na verdade, mesmo quando você já sabe muita coisa sobre a pessoa antes, não é nada incomum que ela lhe surpreenda em algum momento, não é mesmo? Isso pode acontecer tanto porque você ainda não tinha tido convivência o suficiente, quanto porque a pessoa pode ter mudado em algum aspecto com o passar do tempo.

Aquela que tem as pernas curtas

Um dos fatos mais peculiares que eu já ouvi até hoje sobre seres humanos é que eles não conseguem respirar pelo nariz e ficar com a língua para fora ao mesmo tempo. Por que a evolução teria nos presenteado com um ponto fraco tão peculiar quanto esse? Se a minha intuição estava certa, você já deve ter testado se o que eu falei é verdade, e notado que é mentira. Com essa deixa, é possível começar a falar sobre a boa e velha mentira.

Um motivo para não confiar tanto assim nas pessoas é que elas costumam mentir – *e muito, viu?* Outro motivo maior ainda é que, a rigor, a maioria das pessoas provavelmente não tem grandes habilidades para identificar a mentira de alguém – mesmo achando que é o próprio *"Xeroque Rolmes"* da cidade nesse quesito.

As pessoas mentem em média pelo menos uma vez por dia e ouvem dezenas de mentiras das outras pessoas, mas a depender do momento e da cultura, podem mentir muito mais ou muito menos. Uma mentira ocorre quando uma pessoa passa uma informação enganosa para outra de propósito, sabendo que a informação não é verdadeira, sem dar nenhuma dica se trata de uma informação enganosa. Ou seja, quando a pessoa sabe que está enganando alguém e mesmo assim o faz.

As pessoas mentem por várias razões, mas a maioria das mentiras não prejudica tanto os outros e tem o propósito de preservar a harmonia entre os envolvidos ou proteger a pessoa que está mentindo de algum desconforto que poderia sentir ao ser sincera.

Por exemplo, quando ao conversar com uma pessoa que pergunta sobre a aparência dela, se está bonita ou não, é provável que, se o outro não tem uma resposta positiva, ele minta. Isso, é claro, na maioria das vezes, afinal sempre há um "Joselito sem-noção" que vai arruinar o dia da pessoa apenas para se manter sincero. As pessoas mentem porque nem todo mundo se sente bem de ouvir que está feio ou com a cara amassada. É provável que a pessoa se sinta ofendida caso seja dito que ela não está bonita naquele momento, tamanha é a expectativa social de que os outros deem respostas legais e reconfortantes nesse tipo de situação.

Conforme convivemos em sociedade, vamos aprendendo a contar mentiras até um ponto em que muitas delas se tornam automáticas, espontâneas e até mesmo já são esperadas pelos outros. Dá até para adivinhar em algum nível qual é a sua propensão a mentir com base apenas na propensão a mentir dos parentes e amigos com os quais você mais convive. Isso é possível porque aprendemos em grande parte como, quando e por qual motivo mentir.

É comum que haja surpresa quando às vezes as pessoas contam a verdade. Por exemplo, no Brasil, quando alguém pergunta "Tudo bem?", a resposta esperada é algo parecido com "Sim, tudo, e com você?". Entretanto, quando a resposta sai desse roteiro e a pessoa fala algo como "Não estou muito bem, parece que tudo dá errado comigo", é possível que ela surpreenda bastante seu interlocutor, o que pode levar até a uma certa demora para conseguir retomar o controle da fala, respondendo algo como: "Caramba, o que aconteceu?".

Como pescar um mentiroso

É difícil adivinhar se alguém está mentindo, mas as pessoas costumam tentar descobrir isso levando em conta certas coisas que não são necessariamente válidas. Por exemplo, o simples fato de alguém estar nervoso, gaguejando ou suando não significa que a pessoa está mentindo. Ela pode estar agindo assim por inúmeras razões que não têm relação nenhuma com a tentativa de ocultar a verdade, embora ver alguém se tremendo todo possa transmitir a forte impressão de que um mentiroso será pego no flagra. Sim, a sensação é de que a pessoa está mentindo; a maioria tem essa sensação, mas é bom lembrar-se de que sentir que algo é verdadeiro não o torna realmente verdadeiro. Trata-se apenas da intuição falando e ela pode estar errada. Afinal, um indivíduo bem habilidoso em mentir pode não exibir nenhuma dessas características e mesmo assim estar mentindo, enquanto outro com dificuldades de se comunicar pode apresentar todos esses sinais, como tremer ou se embolar na fala, e estar contando a mais pura verdade.

Uma das formas mais interessantes de pegar um mentiroso no flagra, é saber como conduzir uma conversa em que ele ficará encurralado. E sim, a seguir há ótimas dicas de como fazer isso sem ter que agredir fisicamente ninguém!

Regra número 1: chegar esculhambando a pessoa e acusando-a de mentirosa geralmente é uma das formas menos eficazes de descobrir algo de fato – e, paradoxalmente, esse é um dos métodos mais usados pelas pessoas. O mais inteligente é fazer exatamente o contrário. No início, é preciso conseguir gerar um clima positivo e de cooperação com o seu aspirante a Pinóquio, pois uma postura mais acusatória e agressiva pode ser bem menos eficiente do que os filmes de Hollywood dão a entender. É bom sempre lembrar sobre a questão da autoestima e de como as pessoas tentam se proteger de qualquer ameaça a ela. Com base nisso, portanto, esculhambar uma pessoa apenas acionará todos os alarmes que vão deixá-la na defensiva.

Mas, então, como fazer essa abordagem mais cooperativa? O caminho é demonstrar empatia pela situação em que a pessoa parece estar passando, perguntar sobre os sentimentos dela e demonstrar abertura para ouvir a pessoa são algumas das coisas mais básicas que ajudam nisso. Se você conseguir estabelecer esse clima amigável, já é muito mais provável que consiga ao longo da conversa desmascarar a mentira. Em vez de ir fazendo perguntas que confrontem diretamente a versão da pessoa sobre os fatos, pode ser mais interessante tentar recontar com as suas próprias palavras a situação que a pessoa lhe contou e ir percebendo como ela corrige ou insere detalhes na sua descrição conforme você vai falando. A parte interessante disso é que as pessoas ficam muitas vezes com a impressão de que dando esses complementos soltos à história elas acabam sendo mais convincentes e passando poucas informações ou informações menos relevantes, mas na prática, o que essas tolinhas não sabem é que elas acabam dando mais informação do que percebem e essas informações extras, quando comparadas com a história como um todo, podem te ajudar a perceber se aquilo é mentira.

Surpreender a pessoa com perguntas totalmente inesperadas, mas relacionadas com o assunto, também é uma boa dica. Isso porque as mentiras que ela conta geralmente se baseiam nas próprias expectativas que tem sobre o que será perguntado. Desse modo, uma pergunta imprevisível vai demandar um esforço cognitivo maior, o que pode desestabilizar a pessoa emocionalmente e talvez levá-la a contradizer a própria história, inventando novos detalhes na história como um todo.

Outra conclusão bem intuitiva, mas geralmente errada, é de que pessoas que modificam detalhes da história que contaram antes provavelmente estão mentindo. A realidade está mais para o contrário disso, na verdade. Tanto que se a pessoa contar a história cronologicamente de trás para a frente – outra dica recomendável para desmascarar mentiras –, a tendência é que se ela for mentirosa, simplifique mais a história, enquanto uma outra que está falando a verdade provavelmente vai se recordar de mais detalhes verídicos. Isso porque pessoas falando a verdade estão se baseando em uma história real, e tentar recuperar essa informação de outra forma – de trás para a frente – pode trazer à tona outras memórias corretas sobre o acontecimento, o que não ocorre quando a história é inventada somente até o nível de detalhes que a pessoa pensou inicialmente, enquanto planejava a mentira.

Emoções e microexpressões

Algumas pessoas mentem melhor do que outras, mas muitas acabam deixando algum sinal escapar sem perceber. Isso porque, quando as pessoas sentem uma emoção, é difícil não deixar transbordar um pouco dela no próprio corpo, principalmente se for uma emoção mais intensa. No caso humano, o que pode transbordar são as expressões das emoções e os movimentos do corpo. Sim, "o corpo fala", mas também não é igual ao seu tio fofoqueiro que sai contando mil segredos o tempo todo. A linguagem do corpo é muito complexa e não é fácil fazer deduções específicas só a partir de como alguém se moveu ou da sua postura (embora alguns livros, vídeos e seriados de televisão possam fazer você achar que sabe um monte de coisas sobre alguém, olhando só para a postura ou movimentos no rosto da pessoa).

As emoções são sinais que direcionam o comportamento de cada indivíduo com o objetivo de satisfazer uma ou mais necessidades biológicas e psicológicas básicas, como a sobrevivência, a reprodução, o vínculo, o controle, acurácia, autoestima ou sentido na vida. Nas mais diferentes culturas ao redor do mundo, as pessoas costumam expressar e reconhecer a tristeza, a felicidade, a raiva, o medo, o susto, a repugnância (ou nojo) e o desprezo. Essas emoções estão no rol das sete emoções básicas. Mas também existem outras emoções que não estão presentes da mesma forma na maioria das culturas, como é o caso da vergonha, do arrependimento, da elevação e da culpa. Cada emoção resulta em uma configuração específica do rosto. Quando alguém está mentindo, é possível que ele involuntariamente faça movimentos muito rápidos no rosto, os quais são chamados de microexpressões. Durante uma microexpressão, o rosto da pessoa pode ficar com essa configuração por pouquíssimo tempo – menos de um segundo – e depois voltar ao normal. Uma das razões para alguém apresentar uma microexpressão é a tentativa de, consciente ou inconscientemente, esconder uma emoção que sentiu.

Por exemplo, vamos analisar o medo. Geralmente alguém sente medo porque percebe a possibilidade ou eminência de que vivenciará alguma forma de dano no presente, seja ele físico ou psicológico. Se quiser, pegue um espelho ou fique perto de um para fazer uma cara de medo e identificar as mudanças no seu rosto das quais eu vou falar agora. Para você perceber a expressão de medo no rosto de alguém, fique atento aos seguintes detalhes: as sobrancelhas da pessoa se levantam, formando quase uma reta; as rugas da testa aparecem mais claramente no centro da testa, entre as sobrancelhas; a pálpebra de cima se levantam e as pálpebras inferiores tensionam, a parte branca na região superior dos olhos aparece mais que o normal, mas a mesma coisa não na região inferior, a boca fica pelo menos um pouco aberta e os lábios ficam tensos ou esticados. Se alguém estiver escondendo algo de você e sentir medo porque você falou sobre um assunto temido, a pessoa pode expressar muito rapidamente todas as mudanças no rosto que descrevi ou só algumas delas, como só as mudanças na sobrancelha e testa. Mas também pode ser que mesmo mentindo ele não expresse nada no rosto por várias outras razões, por isso é preciso ter cautela na interpretação desses sinais não verbais.

No caso da raiva, trata-se de uma emoção que pode ser estimulada por inúmeros motivos. As pessoas sentem raiva quando percebem alguma possível ameaça ao seu estado físico, sofrem algum tipo de dano físico ou psicológico, têm suas metas frustradas por algo ou sabem que alguém está se comportando de maneira incoerente com os seus valores morais. Também sentem isso quando alguém que deveria obedecê-las não obedece ou se percebem que alguém está com raiva delas. É possível perceber os sinais de raiva no rosto de uma pessoa observando os movimentos como: as sobrancelhas se abaixam e se aproximam uma da outra, linhas verticais aparecem entre as sobrancelhas, as pálpebras inferiores ficam tensionadas, os lábios ficam pressionados um contra o outro, as narinas podem ficar dilatadas e a mandíbula se projeta um pouco para a frente. Se durante uma conversa for citado o nome de alguém que causou um grande dano psicológico a uma pessoa, por exemplo, é possível que ela manifeste uma microexpressão de raiva. Porém, uma questão muitas vezes difícil de interpretar é o que exatamente significa essa microexpressão. A pessoa sentiu raiva de quem causou danos a ela, pelo fato de se lembrar da pessoa em si, ou de quem tocou no assunto, por estar trazendo à tona algo tão doloroso para ela, ou ainda de alguma outra coisa? Na hora da conversa, pode ser bem difícil conseguir prestar atenção e perceber com nitidez a expressão dessas emoções. Entretanto, os métodos baseados em uma conversa bem conduzida costumam levar a resultados menos ambíguos, que facilitam a percepção mesmo quando realizado por alguém com menos experiência no método.

Entre as sete emoções descritas, a maioria delas são negativas, e apenas a felicidade é positiva. Com exceção da felicidade, todas as outras costumam ser desagradáveis. Como o Daniel Martins de Barros coloca muito bem em seu livro *O lado bom do lado ruim*, não é possível viver uma vida plena, completa e significativa sem passar pelas emoções negativas. Sim, é verdade que, em muitas culturas, as pessoas são ensinadas ao longo da vida que emoções muito negativas não devem ser sentidas ou expressadas e que, caso alguém as sinta, é a própria pessoa que está errada de senti-las. O recado é mais ou menos esse: "não incomode os outros com o que você está sentindo!". As pessoas pressionam os outros para que se mantenham positivos e se irritam quando eles não são capazes de cumprir essa etiqueta.

Porém, em vez de reprimir ou temer quem não se mantém positivo, é preciso aprender a entender melhor que mensagens essas pessoas estão transmitindo, pois as emoções negativas servem exatamente para sinalizar algo que merece maior atenção ou cuidado. Uma vida sem emoções negativas, por mais promissora que possa soar na teoria, seria um desastre. As pessoas se esqueceriam da hora de comer, não se sentiriam mal pelos vacilos cometidos com os outros, não estariam dispostas a modificar os próprios comportamentos, mesmo que isso fosse ser bom para elas, ou não se preparariam com afinco para coisas importantes no futuro, entre muitas outras consequências indesejadas.

As emoções negativas são desagradáveis, mas é possível aprender a tolerá-las melhor se houver mais esforço para ouvi-las e entender que mensagem estão transmitindo. É fato que as pessoas nem sempre ajudam nessa tarefa, já que muita gente não tem tanta paciência para lidar com alguém que está se sentindo mal. Geralmente, elas não fazem isso por mal, foram ensinadas assim e, infelizmente, e às vezes, os ensinamentos da vida não são muito bons mesmo.

Mas o importante é nunca se esquecer de que todas as pessoas, sem exceção, têm o direito de sentir qualquer emoção. Na verdade, sequer há outra opção, pois as emoções não surgem porque há uma preferência por senti-las. Não importa qual seja a emoção nem quem esteja sentindo, não existe a escolha de se sentir de uma determinada forma; se sentir dessa forma é algo que simplesmente acontece. Por isso, não existe razão para se sentir culpado ou envergonhado por expressar uma emoção. Mesmo assim, é normal ter o sentimento de culpa ou vergonha por sentir certas coisas, e essas são emoções legítimas também, mas é essencial se lembrar de que a culpa ou a vergonha aparece, logo após exibir uma emoção, devido às inúmeras repressões recebidas ao longo da vida, em todos os momentos em que foram expostas aos outros. Essas mesmas pessoas não estavam tão preparadas para o acolhimento ou ajuda, porque não aprenderam um modo diferente para lidar ao longo da vida com as emoções alheias. Crianças muito novas não sentem vergonha de chorar, certo? Porque são os adultos que ensinam isso a elas.

Ciúme

Uma emoção negativa e que costuma ser bem reprimida é o ciúme. A pessoa sente como se de alguma forma ela estivesse na eminência de ser traída ou abandonada repentinamente por seu parceiro ou sua parceira. De alguma forma, muitas vezes bem criativa mesmo, a pessoa acha que flagrou um sinal claro de que as coisas no seu relacionamento estão fora do controle dela ou que a outra parte não é tão confiável quanto ela achava que era. O ciúme tende a despertar uma grande variedade de outras emoções negativas, como raiva, ansiedade, nojo e tristeza, os quais são as principais dificuldades que alguém com essa emoção enfrenta. Então, mergulhado em um mar de emoções tão desagradáveis e intensas, pode ser difícil pensar de maneira racional ou tomar decisões sábias.

Conseguir estabelecer o limite que separa um sinal nítido da existência de um problema no relacionamento de um sinal duvidoso pode ser uma tarefa bem desafiadora. Na verdade, não é possível determinar esse limite de forma generalizada. Desse modo, a melhor opção é analisar caso a caso, com uma boa dose de bom senso, o que nem sempre é fácil. Por exemplo, se uma pessoa começa a desconfiar do parceiro ou da parceira, depois de acidentalmente ver uma mensagem recebida de uma amiga ou um amigo no celular, ela pode passar a ficar mais vigilante e preocupada com a estabilidade do seu relacionamento.

O problema desse tipo de situação é que, muitas vezes, a pessoa com ciúme tem acesso apenas a informações incompletas, ambíguas e descontextualizadas. Só que, por mais que o baque emocional na autoestima da pessoa tenha sido intenso, demonstrar ciúme costuma ser malvisto em muitas culturas. Isso pode levar a pessoa a não demonstrar seu incômodo a princípio e assim o problema vai se tornando uma bola de neve cada vez maior. Informações incompletas, ambíguas ou descontextualizadas não são sempre incorretas. Você pode realmente ter dado uma grande sorte, flagrado algo a que dificilmente teria acesso e que ilustra uma situação secreta que o seu parceiro está vivenciando com outra pessoa. Entretanto, só com essas informações, sua tomada de decisão não contará com outras informações que poderiam ser vitais para você agir de forma justa com o seu parceiro.

Não tenho como dizer a você a forma perfeita de averiguar se a sua relação está sob ameaça, mas sei dizer quais são as piores formas de averiguar isso: tentando controlar o comportamento do parceiro, monitorando constantemente as redes sociais dele, invadindo a sua privacidade ou fazendo chantagem emocional para motivá-lo ou desmotivá-lo a realizar certas ações. Convenhamos que, se você anda precisando se engajar em ações desse tipo para se sentir seguro, provavelmente já tem algo de errado com o seu relacionamento e que justificaria uma conversa mais aprofundada sobre o que está acontecendo.

Via de regra, o ciúme que uma pessoa sente revela muito mais sobre as próprias inseguranças dela do que sobre ações concretas da outra pessoa com quem se relaciona. Claro que ambos os elementos podem contribuir, mas quanto mais excessivo é o ciúme de alguém, mais as suas inseguranças tendem a falar alto. Embora essa seja a tendência geral, em relacionamentos abusivos a história é bem diferente.

O ciúme intenso pode ser coerente com a situação se o parceiro ou a parceira realmente estiver fazendo coisas que não condizem com o acordo que existe entre o casal. Quando um dos membros do casal é pego com alguém, na icônica cena do flagra, no quarto, durante o ato sexual, faz sentido sentir um nível elevado de ciúme. Afinal, trata-se de uma resposta proporcional à situação explícita e concreta que foi apresentada. Mas é menos comum que as situações que geram essa emoção cheguem a um nível tão gritante, explícito e não ambíguo, o que tornaria o ciúme muito mais complicado e propenso a falsos positivos, ou seja, aquele típico erro cometido ao concluir antecipadamente que algo existe quando, na verdade, não existe.

Independentemente disso, o ciúme é uma emoção negativa que, se for ouvida com cuidado, pode indicar alguma área do relacionamento que merece mais atenção. Talvez não por causa de um terceiro que se encontra na iminência de atrapalhar o casal, mas, sim, porque existem limites na relação, que antes talvez não fossem tão relevantes, e que agora precisam ser discutidos com mais cuidado. A partir do ciúme, é possível inclusive que a relação cresça e se torne mais satisfatória ainda para o casal. Entretanto, se ele ocorre em relações abusivas, pode e frequentemente motiva diferentes formas de violência. Nesse caso, é difícil que algo benéfico possa ser extraído dele.

Tanto homens quanto mulheres podem praticar a violência em relacionamentos, embora homens, em média, façam isso com frequência maior. Uma das principais razões para a existência dessa diferença está relacionada ao modo como homens e mulheres são socializados em culturas como a nossa. Muitos homens podem desenvolver uma relação de dominância com o seu par amoroso, independentemente de ele ser um homem ou uma mulher, reafirmando essa relação de poder diante de uma ameaça ao relacionamento. Além disso, homens costumam aprender a lidar de forma mais impulsiva e agressiva com frustrações do que mulheres, o que pode motivá-los a uma conduta mais violenta diante da falta de submissão do seu par. Por outro lado, mulheres costumam aprender ao longo do processo de socialização a ter uma postura mais passiva e submissa em relação aos seus pares. Além disso, elas também assimilam as demonstrações de ciúme como sinais de que são amadas pelos seus pares românticos. Desse modo, pode haver motivo para que elas recompensem os seus pares por esse tipo de conduta, o que aumentará a probabilidade de eles exibirem comportamentos semelhantes ou mais agressivos no futuro.

Muita gente já vai ficar com raiva instantaneamente ao descobrir que o seu parceiro está sentindo ciúme ("como assim, que absurdo você sentir isso"). Dá para entender o incômodo de alguém que passa por essa situação, mas invalidar uma emoção como o ciúme só costuma intensificar ou acrescentar novas emoções negativas na mente da pessoa ciumenta. Também é comum ouvir falas como: "Isso é só a sua autoestima baixa te fazendo viajar na maionese". Mas, na verdade, uma pessoa com autoestima muito elevada também pode sentir ciúme por considerar que está sendo tratada de forma injusta, desrespeitosa ou que não está sendo valorizada o suficiente pelo par. Outra fala poderia comum é: "Para de pensar nisso, não tem nada a ver!". Porém, tentar ativamente não pensar em algo acaba ativando esse próprio pensamento e quem sofre com o transtorno obsessivo-compulsivo (TOC) vive na pele – às vezes, literalmente – as consequências negativas de tentar reprimir um pensamento intrusivo.

Outras duas formas de reagir a uma demonstração de ciúme é dizendo para a pessoa que ela precisa confiar em você ou que ela está ficando louca. Claro que reagir assim está longe de ser o ideal, no entanto acontece com muita gente. Agora vamos pensar um pouco mais sobre os problemas que podem estar envolvidos aí. Ordenar que alguém confie em você invalida os sentimentos da pessoa, pois em vez de lidar diretamente com a situação que está gerando o ciúme, é como se você estivesse impondo a pessoa a adotar uma postura conformista, mesmo que esteja incomodada com algo. Em vez de ouvi-la e então buscar uma resolução para esse problema, quando você pede para a pessoa confiar em você, está reprimindo também o diálogo que as duas partes poderiam ter e que, talvez, seria capaz de amenizar a situação.

Sugerir que o outro está louco dificulta de vez que um diálogo construtivo possa ser desenvolvido. Esse tipo de afirmação invalida o sentimento da pessoa e insinua que qualquer pensamento ou sentimento dela são questionáveis por causa de uma suposta incapacidade dela de raciocinar. Coitada. Então, isso significa que a pessoa não vai poder se posicionar mais sobre nada porque senão ela será uma louca falando bobagem?

Comunicação empática

Reprimir, zoar ou ignorar uma demonstração de ciúme nunca ajuda o relacionamento, embora possa atrapalhar bastante. Na verdade, essa mesma lógica também se aplica a qualquer situação em que alguém expresse uma emoção, mesmo que não seja o ciúme. A maioria das pessoas foi ensinada, ao longo da vida, certas maneiras de responder a essas demonstrações de emoções e, infelizmente, nem todas elas vão transmitir de uma maneira precisa a intenção, muitas vezes benevolente, que alguém possa ter.

Por exemplo, se um amigo seu anda bem para baixo há alguns dias e vocês começam a conversar por mensagem, talvez você sinta que pode ajudá-lo falando algo bem motivador como: "Mas, cara, deixa disso, você tem um teto, uma família, tem saúde e não te falta nada! Olha como a sua vida é ótima! Pense nas milhares de pessoas que nem tem o que comer". Pode parecer uma forma esperta de levantar o ânimo do seu amigo, mas analisa comigo mais a fundo o que está por detrás dessa fala. Vamos começar pelo "deixa disso". Essa é uma das formas mais simples de você invalidar as emoções que alguém está sentindo, pois quando você pede para a pessoa "deixar" de se sentir daquela forma, o recado que você está passando indiretamente é de que aquela emoção não é válida, apropriada ou aceitável. É como se você estivesse falando quase que com todas as letras: "Você não deveria se sentir dessa maneira que você está se sentindo" ou "Isso que você está sentindo não é correto".

Além disso, a pessoa já está lidando com aquele sentimento, não são essas palavras "mágicas" que vão proporcionar alívio instantâneo às emoções dela. Na verdade, ao dizer algo assim, a pessoa acaba tendo suas emoções reprimidas e isso pode levá-la a se sentir pior ainda com a própria situação, e também sentir vergonha, culpa ou ficar mais fechada ainda para expressar suas emoções com os outros. Ou seja, além de não ajudar, ainda pode atrapalhar.

Vamos à segunda parte do discurso, que fala sobre os privilégios da vida da pessoa e como isso é ótimo. Se a pessoa está se sentindo mal, acredite, a vida dela não está ótima e ela não vai se sentir melhor se esfregarem isso na cara dela. Existem mesmo pessoas que podem estar vivendo em uma situação muito mais vulnerável do que o seu amigo, mas não é com base nisso que medimos ou planejamos que emoções vamos sentir, não é mesmo? Mesmo porque não há como planejar ou escolher quais emoções sentir.

Sempre é legítimo vivenciar as emoções que sentimos, independentemente da nossa classe social. Todo sofrimento é ruim, incapacitante e indesejável. Todo sofrimento grave gera a motivação de nos livrarmos desse sofrimento, não importa o que esteja acontecendo à nossa volta. E se existe uma, duas, três ou milhões de outras pessoas sofrendo por outros motivos, é uma grande pena, mas isso não está ligado diretamente à origem do sofrimento do seu amigo e, por isso, falar esse tipo de coisa não será a forma mais efetiva de apoiá-lo. Talvez ele se sinta culpado por estar se sentindo mal mesmo que tenha condições financeiras melhores do que outras pessoas. Talvez, por conta disso, ele mascare o que está sentindo para você naquele momento, finja que de repente está tudo bem, mas esse não é o motivo pelo qual ele estava se sentindo mal e provavelmente não será o motivo pelo qual começará a se sentir genuinamente bem.

Se houver acolhimento de uma maneira mais empática, a pessoa poderia talvez ter saído da conversa se sentindo mais apoiada, aliviada, esperançosa e talvez até motivada a fazer alguma coisa mais concreta para mudar sua situação, como procurar ajuda profissional. Por isso é tão importante que haja uma coisa linda chamada comunicação empática. Ela ocorre quando a comunicação com alguém tem o foco no que a pessoa está sentindo, sem emitir nenhum tipo de julgamento sobre esse sentimento ou querer prescrever o que a pessoa deveria fazer ou deixar de fazer. Essa postura demonstra que quem ouve está disposto a ajudar no que for necessário, sem ficar tão preocupado em oferecer algum tipo de solução generalizada para ela.

Na prática, essa comunicação empática se traduz em falas que podem instigar a pessoa a refletir sobre a resolução de seu problema, em paráfrases que a incentive a se expressar em maiores detalhes e em sínteses do ouvinte para verificar se o entendimento está correto. Tudo isso demonstra que quem ouve está atento à pessoa e que podem fazê-la se sentir compreendida por alguém, algo que costuma trazer um alívio para quem constantemente ouve dos outros que há algo de errado com ela. Uma conversa guiada pela empatia vai envolver uma troca espontânea de compreensão entre as partes, cujo objetivo principal deve ser o de oferecer apoio, não de tentar resolver o problema da pessoa por ela.

Manter um contato visual regular e ter uma proximidade física também são dicas não verbais que costumam transmitir para a outra pessoa o quão empático e envolvido você está com o que ela está vivendo. Se você estiver desabafando suas dores com alguém que é capaz de se comunicar de forma empática, as chances são maiores de que você sinta que os seus sentimentos são válidos e pode se sentir mais disposto a compartilhar coisas com a pessoa. Isso também pode dar uma melhorada na sua autoestima e te motivar a pensar de maneira mais racional sobre como você pode resolver o seu problema.

Em contraposição à comunicação empática, é muito mais comum que as pessoas utilizem uma comunicação pró-empática na tentativa de consolar um amigo que anda triste. Nesse caso, a fala da pessoa tenderá a ser mais avaliativa, prescritiva e incentivará a pessoa triste a ser mais conformista com a causa do sofrimento. Uma pessoa que for consolada dessa forma pode se sentir julgada, entender que o seu sentimento não é aceitável, ficar menos disposta a dividir detalhes sobre o que está acontecendo e a tentar fazer algo mais concreto para resolver a situação problemática.

Por isso, pode ser bom tentar praticar mais a comunicação empática, se deseja oferecer ajuda da melhor forma possível às pessoas em busca de apoio, pois sempre haverá muito mais pessoas precisando de apoio do que há psicólogos e psicólogas para dar apoio. É preciso estar ciente de que esse tipo de comunicação talvez seja bem difícil de colocar em prática, especialmente porque a maioria das pessoas já está muito acostumada com o tipo de "conselho prescritivo" que costuma surgir por meio da comunicação pró-empática. Portanto, é urgente desfazer essa ideia de que habilidades, como as envolvidas na comunicação empática, são coisas naturais, e que algumas pessoas simplesmente nascem com elas em sua essência, enquanto outras, não.

Habilidades são em grande parte aprendidas, logo, se as pessoas têm a capacidade de aprender, com certeza têm a capacidade de passar a tratar os outros de uma maneira pelo menos um pouco melhor do que trata atualmente. Essa mesma lógica também se aplica para a habilidade de confiar nos outros. Quanto mais as pessoas praticam a capacidade de se tornarem vulneráveis às ações dos outros por confiar neles, mais chances têm de desenvolvê-la. Claro que praticar essa habilidade envolve sempre o risco de estar confiando em quem não deveria e isso pode render algumas experiências bem chatas.

A primeira impressão é a que fica?

Quando uma pessoa confia em outra, ela expõe sua vulnerabilidade aos comportamentos de alguém, na esperança de que essa pessoa seja honesta, embora não tenha como controlar isso. Mas a verdade é que a vida de quase todo mundo seria praticamente inviável se as pessoas não confiassem umas nas outras, mesmo sem ter muita certeza de que deveriam depositar confiança. Pense comigo: quando você pede uma pizza pelo aplicativo, você confia que o entregador vai levar a pizza. Quando você sobe em um ônibus, acredita que o motorista do ônibus vai cumprir o trajeto planejado para aquela linha e que ele vai parar o ônibus quando você sinalizar que quer descer. Quem já andou muito de ônibus aqui no Brasil sabe que isso é apenas uma expectativa mesmo, já que muitos motoristas nos fazem passar pelo intenso desespero de pedir para descer do ônibus e ele seguir em frente. Quando você vota em um candidato durante as eleições, acredita que ele vai cumprir as suas promessas de campanha (certo?).

Em todos esses exemplos, entre outros inúmeros, um indivíduo deposita confiança em alguém sem ter certeza de que está fazendo a coisa certa. Afinal, qual é garantia real de que o entregador de pizza apareça, o seu candidato cumpra as propostas e o motorista dirija pelo trajeto da linha? Qualquer pessoa que tenha participado de pelo menos uma eleição no Brasil, sabe que é comum os políticos não honrarem suas promessas. A mesma coisa vale para quem já pegou muito ônibus e sabe que nem sempre os motoristas cumprem perfeitamente o trajeto planejado, por causa de engarrafamentos, interdições na pista ou alguma força mais misteriosa do universo. Então, de fato, confiar é arriscado, mas para um ser humano que vive em sociedade, também é algo necessário, visto que as sociedades humanas cada vez mais estão concentradas em centros urbanos, são interdependentes e conectadas ao redor do planeta Terra. Portanto, a situação seria muito pior se as pessoas não agissem como costumam agir umas com as outras, pois as coisas se tornariam inviáveis, tais como se locomover, eleger um representante político ou até desenvolver relacionamentos. Além disso, geralmente confiar nos outros traz mais benefícios do que prejuízos a longo prazo. *Eu disse geralmente!*

O cérebro dos seres humanos está constantemente criando modelos da realidade a partir de informações incompletas e imprecisas, com o objetivo de ajudá-los a tomar as melhores decisões. Desse modo, uma tarefa muito difícil, mas muito importante que o cérebro executa, é tentar entender quem são as pessoas que merecem confiança e quem são as que não merecem. Por mais que os seres humanos façam isso intuitivamente quase todos os dias, essa é uma tarefa cognitiva bem sofisticada e difícil. Mesmo assim, quase automaticamente, o cérebro de cada pessoa forma impressões dos indivíduos com quem ela interage e compara as características deles com as ideias que a pessoa tem do que é ser confiável. Logo, fazer tudo isso em uma fração de segundos leva muitas vezes a erros, até porque sem antes conhecer a pessoa, em que é possível se basear para julgar a confiabilidade dela? Basicamente o que há disponível é a aparência física e eventuais comportamentos que ela tenha exibido. Esses elementos acabam sendo de grande valor para o cérebro simplesmente porque faltam alternativas melhores.

Então, por causa disso, as pessoas julgam muito umas as outras pelas aparências. No primeiro contato com um ser humano desconhecido, a familiaridade aparente e o quão prestativo ele aparenta ser algo importante na impressão que alguém formará dele. Nessa hora, o cérebro usa como base as próprias experiências prévias com pessoas confiáveis e não confiáveis e compara-as com as características da pessoa à frente dele, de uma forma bem global, rápida e superficial. O cérebro também categoriza rapidamente essa pessoa dentro de um ou mais estereótipos de grupos, pois assim é possível esperar algo da pessoa, ao usar como base as próprias crenças sobre como pessoas daqueles grupos tendem a se comportar e o quão confiáveis elas podem ser.

Se essa pessoa exibir algum comportamento muito negativo, como ser grosso ou agressivo sem uma razão aparente, provavelmente o foco se voltará para esse comportamento independentemente de todos os outros comportamentos positivos ou neutros que ela possa ter exibido depois. Isso acontece porque o cérebro humano atribui mais importância para comportamentos mais raros na hora de formar a impressão de alguém, sejam positivos ou negativos. Geralmente, comportamentos negativos têm um peso maior na hora de formar uma impressão, já que, na maioria das situações, as pessoas esperam comportamentos positivos ou neutros dos indivíduos com quem elas interagem.

Por exemplo, imagine que você esteja chegando ao primeiro dia de aula na sua faculdade e, ao entrar na sala da aula, depois de dizer "bom dia" para a sua nova professora, você escute um bom-dia de volta dela. Tudo ocorreu como o esperado, então o comportamento da professora não parecerá especialmente relevante como uma fonte de informações sobre que tipo específico de pessoa ela é – ela só fez o que qualquer outra pessoa provavelmente faria. Agora imagine que, em vez de ouvir um bom-dia de volta dela, você ouça algo como: "Só senta logo na sua cadeira, sua ameba insolente, que eu não vejo a hora de essa maldita aula acabar". Parece que o jogo virou, não é mesmo? Qual é a chance de que uma professora se comporte assim com um aluno que nem conhece, no primeiro dia de aula? Quantas vezes algo desse tipo já aconteceu com você? Se você passasse por uma situação assim, provavelmente o seu cérebro iria dar um peso proporcionalmente muito maior para esse comportamento negativo do que para um comportamento positivo como ela simplesmente falar "bom dia" para você. Esse comportamento negativo, por ser muito menos comum de se esperar de qualquer pessoa, seria entendido como um indicador mais específico da personalidade daquela pessoa em comparação com as outras de um modo geral.

Agora, um outro exemplo que ilustra quando os comportamentos positivos provavelmente vão pesar mais. Alguém está assistindo a uma partida de futebol entre Flamengo e Fluminense, vulgo "Fla × Flu", mas mal conhece o nome dos jogadores dos dois times, porque ultimamente não teve tempo para acompanhar partidas de futebol. Se um jogador fizer um golaço aos dois minutos do primeiro tempo, esse único comportamento positivo já pode levar essa pessoa a considerá-lo um ótimo jogador. A mesma lógica de antes se aplica nesse caso, porque a expectativa não é a de que qualquer jogador vá fazer um gol bonito durante a partida, muito menos aos dois minutos de jogo. Essa situação é pouco provável de acontecer e somente os jogadores muito bons costumam fazer coisas inesperadas assim. Como esse comportamento não é o mais esperado naquele contexto específico, a tendência é o cérebro dar um peso maior para esse fato, mesmo que no resto da partida o jogador não faça outro gol de bicicleta, ou um driblando o time inteiro e dando um toque de calcanhar para a bola entrar no gol.

Até diante de poucas informações, o cérebro humano muitas vezes consegue guiar relativamente bem as interações entre pessoas desconhecidas, mesmo que para isso ele tenha de simplificar demais a realidade e nos predispor a ter impressões muitas vezes injustas ou estereotipadas dos outros.

Paranoia, zumbis e grupos

Pessoas diagnosticadas com o transtorno da personalidade paranoide têm uma grande dificuldade de confiar em outras pessoas. Elas geralmente têm dificuldade para entender as intenções dos outros como positivas e tendem a pressupor que as intenções das pessoas são negativas. Por isso, elas costumam esperar que, a qualquer momento, serão apunhaladas pelas costas ou prejudicadas por alguém, o que dificulta que elas desenvolvam e mantenham relações saudáveis ao longo da vida. Além disso, elas constantemente interpretam as coisas de uma maneira mais negativa e ameaçadora do que a maioria das pessoas e, em consequência, podem agir de maneira evasiva e agressiva com os outros.

Algo tão simples quanto um elogio pode ser assimilado de uma forma totalmente negativa. Por exemplo, um elogio como "Você fez um bom trabalho!" pode ser entendido como uma tentativa "clara" de cobrar um desempenho melhor dela, ou seja, quase o oposto do que provavelmente era a intenção da pessoa que a elogiou. Muitas pessoas já devem ter interpretado de forma totalmente errada a intenção de alguém, principalmente em meio a uma discussão acalorada ou em uma situação tensa, por exemplo. A diferença é que pessoas com essa condição têm uma predisposição espontânea de reagir dessa maneira mais negativa, ainda que estejam em situações relativamente neutras ou ambíguas. Talvez isso pareça bem esquisito, mas, em outras circunstâncias, esse modo de analisar a realidade poderia ser bem útil.

Se um cenário de apocalipse zumbi, representado em séries como *The Walking Dead*, fosse real, ou seja, a maioria das pessoas no planeta Terra se transformaria em zumbis que vão tentar comer as pessoas vivas. Quem ainda não virou zumbi, precisa saber se as outras pessoas têm algum recurso como comida ou armas para compor seu estoque. Em outras palavras, ou um zumbi quer lanchar alguma parte do corpo da pessoa no jantar ou alguém vai roubar e possivelmente matar essa pessoa se for necessário, já que os recursos se tornariam cada vez mais escassos. Nesse cenário, será mesmo que confiar nas pessoas como se faz hoje em dia seria a melhor estratégia a se adotar?

A situação hipotética do apocalipse zumbi é interessante para analisar o comportamento humano, porque uma pessoa nesse contexto vive um difícil paradoxo para garantir a própria sobrevivência. Se permanecer sozinha, ela é muito mais vulnerável tanto aos zumbis quanto aos sobreviventes mal-intencionados. Mesmo um pequeno grupo de zumbis na rua pode colocá-la em perigo, e bastam duas pessoas contra ela para haver uma grande desvantagem em um eventual confronto, seja com os punhos mesmo ou com as armas. Se forem mais pessoas então, é hora de dar tchau. Portanto, fazer parte de um grupo aumenta a capacidade de a pessoa sobreviver, porque mais pessoas têm uma chance maior de conseguir se livrar de uma dúzia de zumbis ou de enfrentar uma gangue rival. As pessoas também poderiam revezar turnos para vigiar o abrigo enquanto os outros dormem, distribuir as tarefas de buscar recursos, proteger melhor o abrigo e por aí vai. Mas se o apocalipse zumbi começou logo quando você estava no meio de uma viagem, em um país que fica em outro continente e sem nenhum parente ou amigo por perto, o que você deveria fazer? Ficar sozinho? Tentar se enturmar com algum grupo?

Para decidir isso, seria útil saber primeiro o que é o viés intergrupal. Quando alguém vivencia esse viés, a pessoa espontaneamente vê de maneira mais positiva os membros de um grupo do qual faz parte em comparação com outras pessoas. É possível que ela ache, por exemplo, que um de seus grupos de amigos é composto por pessoas mais legais, inteligentes e bonitas do que a maioria das pessoas. Enquanto as outras pessoas podem achar a mesma coisa de grupo de amigos dela. Por causa desse viés, o indivíduo fica mais disposto a valorizar os membros do próprio grupo e desvalorizar quem não é parte dele. Pensando no que foi discutido antes sobre a vida em grupo, o viés intergrupal pode ser útil para um grupo à medida que torna os seus membros mais unidos, cooperativos e afasta potenciais ameaças trazidas por alguém de fora.

Durante um apocalipse zumbi, esse viés ficaria mais exacerbado ainda, porque os grupos viveriam em uma situação de recursos escassos e, quando os seres humanos estão nessas situações, quem não faz parte do grupo pode ser visto como uma possível ameaça. Por isso, conseguir ganhar a confiança de algum grupo formado e coeso pode ser muito mais difícil em um contexto tão hostil assim. Afinal, você vai representar mais uma boca para alimentar, mais uma pessoa para eles vigiarem até que confiem em você e talvez mais uma pessoa infectada que pode mais tarde oferecer perigo iminente para todos os membros. Então, embora por um lado seja vantajoso estar em um grupo durante um apocalipse zumbi, se a pessoa não fazia parte de um quando a casa caiu, pode ser bem arriscado tentar entrar em algum depois. As chances de os grupos pensarem que se trata de um estranho que quer se dar bem e, portanto, considerarem que seria interessante ver o que ele tem, pegar para o grupo e jogá-lo para os zumbis, são consideravelmente altas. Pode ser mais seguro você tentar achar outras pessoas sozinhas para vocês criarem o seu próprio clubinho.

Eventualmente, ainda podem existir algumas pessoas boazinhas em um mundo dominado por zumbis, mas, com o passar do tempo, as chances dessas pessoas sobreviverem podem diminuir, já que elas se expõem a mais riscos aceitando desconhecidos no grupo, enquanto as chances de pessoas cruéis sobreviverem podem aumentar, porque não hesitarão em arremessar o coleguinha na direção dos zumbis para conseguir fugir. Em um contexto assim, uma pessoa com o transtorno de personalidade paranoide pode ter uma vantagem, pois sempre vai encarar as intenções dos outros como negativas e, nesse caso, na maior parte das vezes ela estará certa.

Por outro lado, pessoas boazinhas têm mais chances de conseguir desenvolver um grupo mais numeroso devido à facilidade de cooperar. Então, desde que consigam fazer um bom discernimento sobre a moralidade de indivíduos desconhecidos, podem acabar tendo maiores chances de sobreviver do que pessoas não tão boazinhas assim, que não conseguirão formar grupos duradouros com a mesma facilidade.

Os seres humanos que vivem o transtorno de personalidade paranoide estão constantemente encarando os outros como ameaças, mesmo que não exista nenhuma razão explícita para essa desconfiança – e sem que haja um apocalipse zumbi. Quando informações claramente contraditórias com a sua desconfiança são apresentadas, o raciocínio motivado pode levar a pessoa a entender que aquela informação não é verdadeira ou simplesmente ignorá-la. Nas suas relações amorosas, essas pessoas podem desconfiar exageradamente da lealdade do seu parceiro e sentir ciúme tão extremo que a pessoa passa a tentar controlar a vida do parceiro por ter medo de estar sendo enganada ou traída. Esse ciúme extremo não raramente leva a diferentes tipos de violência, relações abusivas ou ruptura da relação. Pessoas que sofrem com essa condição também costumam ter muita dificuldade de perdoar coisas que os outros supostamente fizeram de mal a elas e podem sentir uma forte vontade de se vingar. Assim, como no caso de outros transtornos mentais, a infância marcada por maus-tratos e o estresse contribuem para que os indivíduos exibam os sintomas do transtorno da personalidade paranoide no início da fase adulta. Mas, exceto pelos esses exemplos de como seres humanos podem desconfiar de maneira tão extrema, geralmente as pessoas desconfiam das outras de forma muito mais branda e por questões mais concretas.

Moralidade, religiões e traições

Um dos motivos, pelos quais os seres humanos não confiam em qualquer pessoa, é a ciência de que algumas delas podem de fato prejudicá-los. As pessoas possuem os mais diversos padrões de moralidade e mesmo aquelas com tradicionais valores morais, que aparentemente seriam acima de qualquer suspeita, podem agir de maneira incoerente com os próprios padrões. Um exemplo extremo disso são os casos de pedofilia por parte de membros de instituições religiosas que, apesar de terem optado por dedicar a sua vida a uma religião, nem sempre agem de maneira coerente com ela. Outro exemplo dessa inconsistência moral são as traições que ocorrem com frequência nos casamentos, inclusive entre pessoas que seguem uma religião, pois grande parte da população brasileira também segue. É verdade que muita gente é casada e não trai, mas sabemos que muita gente trai.

Desse modo, muitas vezes, a religião é vista como um pré-requisito para alguém ter bons valores morais e ser de confiança, mas ao analisar o exemplo sobre pedofilia e sobre infidelidade, será que ela é mesmo um pré-requisito moral? Na verdade, tudo indica que não. Afinal, ter uma religião não garante que a pessoa seja (em termos de moralidade) e não ter também não significa que ela seja um capeta.

Durante a infância, as pessoas costumam ser educadas a acreditar em uma determinada religião e, ao mesmo tempo, também são educadas sobre várias coisas bem práticas, como o que pode ou não ser feito em certas situações, que independem de crenças religiosas. Por isso, é difícil separar o que da nossa moralidade é resultado exclusivo da educação religiosa e o que é exclusivo da parte da educação que não teve nada a ver com alguma religião específica, mas, sim, com questões de convivência que os nossos cuidadores nos ensinaram e ensinariam independentemente da religião que seguissem.

Ademais, os seres humanos parecem ser bem fãs de religião, já que criaram mais de 4.200 – e esse número continua aumentando. Apesar de estar usando a palavra religião como se fosse algo uniforme, é complicado tratar de tantos sistemas de crenças diferentes como se fossem uma única coisa. Isso porque nem toda religião gira em torno de um único ser supremo, traz conforto para os sofrimentos cotidianos ou sequer oferece uma explicação para como o mundo surgiu e funciona. Na verdade, muitas religiões valorizam bastante o mistério da natureza e não oferecem necessariamente respostas diretas para as questões humanas. Além disso, a ênfase em temas como a morte e a salvação da alma não está presente em todas, pelo contrário, está presente apenas em algumas delas.

Algumas religiões pregam acerca da possibilidade de se comunicar com pessoas mortas ou que essas pessoas mortas podem assombrar os vivos. Outras afirmam que as pessoas são seres com almas, as quais continuam existindo depois da morte do corpo, mas que costumam retornar à vida na forma de outro ser vivo. Em algumas delas, os seres divinos são seres humanos também, que existem da maneira mais literal possível e morrem como nós. Em outras, os seres supremos não são eternos nem oniscientes ou sequer tão importantes assim no cotidiano dos indivíduos. Na verdade, muitas religiões não dizem muita coisa sobre a existência da alma, o destino dela ou como agradar os deuses para evitar punições. Tem religião de todo o tipo no planeta Terra e a tendência é que você acabe acreditando naquela mais difundida na sua cultura.

Talvez, alguns estejam se perguntando por quais motivos os seres humanos criaram religiões. Não temos como voltar no tempo e averiguar isso de forma totalmente precisa, mas já existem ideias excelentes de como e por que isso aconteceu. Primeiro que, como falei antes, seres humanos possuem uma forte motivação de tentar entender de forma acurada o mundo à sua volta. Demonstramos a nossa curiosidade espontânea pelo mundo desde cedo e quem já conviveu com uma criança muito nova sabe que elas podem ser verdadeiras maquininhas de fazer perguntas sobre quase tudo. Outro fato interessante é que elas costumam demonstrar uma teleologia intuitiva, a tendência de espontaneamente explicar eventos, por meio da ideia de que houve uma intencionalidade ou propósito por trás do evento. Por exemplo, uma criança pode ver uma árvore e concluir que alguém provavelmente a criou com algum propósito em mente, tal como criar sombra para as pessoas. Essa mesma tendência também é observada em adultos e mostra que as pessoas podem estar mais predispostas desde cedo a acreditar em explicações, como as oferecidas por algumas doutrinas religiosas.

Além disso, os seres humanos também exibem uma inclinação para antropomorfizar as coisas e isso pode ser uma dica de por que muitos preferem explicações da realidade baseadas em seres divinos com intenções e consciência. Como um resultado da vida em grupo, que tanto influenciou os rumos da espécie humana, até hoje os indivíduos apresentam uma espécie de dispositivo hiperativo para detecção de agente. Isso significa que seres humanos são altamente predispostos a perceber intenções à sua volta, até mesmo caso não exista realmente uma intenção. Se uma pessoa estiver no meio de uma floresta e de repente ouvir um arbusto se mexendo, é mais seguro pressupor que atrás dele pode haver aquele tipo de gatinho marombeiro, mais conhecido como leão, pronto para atacar do que achar que se trata apenas do vento. Essa tendência seria uma consequência da importância que perceber as intenções de outras pessoas teve ao longo da nossa história evolutiva (perceber que alguém tem a intenção de matar você antes que a pessoa deixe isso claro pode ser a única forma de sobreviver, por exemplo).

Para saber se as outras pessoas têm intenções, basta dar mais um passo adiante para pressupor que outras coisas no mundo também têm, tais como os animais, os objetos ou a natureza. Se ao observar os carros for possível ver faróis "tristes" ou "bravos", ao olhar as nuvens, encontrar rostos, ou achar que um cachorro será o próximo grande poeta incompreendido da humanidade, então significa que já antropomorfizou muitas coisas por aí. Enfim, existiam tantas ocorrências, difíceis de explicar há milhares de anos, tais como terremotos, arco-íris, raios e aurora boreal, que parecia sem sentido deixar de assumir que essas coisas teriam sido feitas com algum propósito por alguém. Hoje em dia, apesar de o conhecimento sobre os processos naturais responsáveis pela ocorrência de fenômenos ser comum, no que diz respeito à história, ainda é um saber extremamente recente.

Outra possibilidade é que as religiões tenham se desenvolvido como uma forma de ajudar a resolver aquele bom e velho problema do trapaceiro nos grupos, que já expliquei antes: grupos funcionam melhor, são mais estáveis e duradouros se todo mundo faz a sua parte pelo bem coletivo, mas quanto mais trapaceiros ele tiver, mais em risco estará. Se cada jogador de um time de futebol, por exemplo, faz a sua parte bem, o resultado tenderá a ser mais favorável para todos. Agora se o zagueiro não marca direito durante um escanteio, se o atacante não se movimenta para sair da marcação ou se o meia não arma boas jogadas, fica mais difícil ganhar a partida.

Desse modo, as religiões seriam uma maneira de impedir que trapaceiros conseguissem permanecer em um grupo, à medida que as crenças, os comportamentos e os rituais seriam praticados, de forma coerente e consistente, apenas por quem realmente acreditasse em uma determinada religião. Cada membro precisaria realizar sinalizações custosas que somente um devoto legítimo provavelmente conseguiria emitir com regularidade, tais como sempre comparecer aos rituais, obedecer com rigor a todas as etapas de um ritual, abster-se de comportamentos reprovados pela religião, doar recursos valiosos, entre outras possibilidades. Todas essas condições facilitariam o reconhecimento dos membros genuínos de um grupo, mesmo em um grupo numeroso, e a identificação e punição de trapaceiros infiltrados. Dessa forma, as religiões poderiam tornar os grupos mais unidos e menos vulneráveis às presepadas de forasteiros.

Outra possibilidade é que as religiões tenham surgido como um efeito colateral a partir de tendências psicológicas que, inicialmente, se desenvolveram para outros propósitos. A capacidade de deduzir os estados mentais das outras pessoas – teoria da mente – e a sensibilidade à reputação das pessoas dentro de um grupo podem ter surgido para facilitar a cooperação dentro dos grupos, mas acabaram criando condições, a princípio, mais favoráveis para que coisas como religiões pudessem surgir e se manter. Embora não seja simples determinar até que ponto as religiões surgiram como resultado de tendências cognitivas espontâneas, ou como uma solução para facilitar a vida cooperativa em grupo, ou como um subproduto facilitado por propensões psicológicas, que o ser humano desenvolveu, ou ainda alguma outra possibilidade, o fato é que existem religiões em praticamente todas as culturas humanas conhecidas e elas podem desempenhar um papel importante na vida de muitas pessoas.

Enfim, mesmo que muitas religiões incentivem os seus adeptos a agirem de maneira moralmente correta – e isso seja ótimo –, não é possível afirmar algo sobre o caráter de uma pessoa somente por ela não seguir uma religião específica. Afinal de contas, não há sequer como afirmar algo sobre o caráter de alguém apenas com base em sua religiosidade autodeclarada. O que se sabe é que existem tanto os trapaceiros religiosos quanto os não religiosos.

Política, desonestidade e poder

Outro exemplo de como as pessoas têm dificuldade em manter coerência entre as suas ações e os seus padrões morais existe na política. Você dificilmente vai encontrar um político que não se diga religioso, ainda que as denúncias de corrupção no Brasil indiquem que é comum políticos se envolverem em ações pouco "louváveis". É difícil também encontrar um político que não se diga totalmente contrário à corrupção. Deveríamos esperar então que eles fossem pessoas confiáveis e de condutas éticas exemplares. Mas, como as pessoas já estão cansadas de saber, a realidade não é tão alto-astral assim. Então, como um político que ainda não cometeu nenhum ato corrupto, talvez porque tenha acabado de entrar para a vida política, pode vir a se envolver em vários desvios de conduta? Será que a carreira política desvia pessoas até então honestas para o mundo da corrupção ou será que pessoas com essa predisposição costumam buscar com frequência a carreira política?

Não há como obter uma resposta exata e definitiva para essas perguntas, mas dizer que o político que cometeu um crime devia ser alguém mau-caráter antes de se tornar um político, provavelmente seria a explicação favorita da maioria das pessoas. Essa conclusão estaria ligada ao que é conhecido como o erro fundamental de atribuição, que consiste na inclinação humana de preferir explicações baseadas em características da personalidade do que as baseadas na influência da situação. Ao ver alguém realizando uma ação problemática, tal como um crime, a tendência humana é a de explicar essa ação em termos da falta de caráter, da insensibilidade, da agressividade ou da ganância. Por consequência, subestima-se a influência de fatores externos no comportamento das pessoas, pois pode ser mais conveniente ver o mundo como dividido entre pessoas essencialmente más e boas, em que as boas jamais fariam algo desonesto. Entretanto, todo criminoso precisa cometer o seu primeiro crime em algum momento da vida e, antes disso, talvez ele jamais fosse considerado pelas pessoas alguém capaz de cometê-lo. Para qualquer parâmetro, provavelmente ele seria visto como uma "pessoa boa" pelos outros.

Mas a verdade é que comportamentos desonestos extremos não costumam surgir da noite para o dia. Dificilmente alguém vai acordar um dia, se olhar no espelho, molhar o rosto e decidir assaltar um banco, caso nunca tenha feito isso antes. Até chegar ao ponto de realizar uma ação grave como essa, é muito provável que primeiro ele tenha dado vários "pequenos passos" em direção à desonestidade. Essa ideia é conhecida como *incrementalismo* e ajuda a entender como pessoas comuns, por meio de pequenos incrementos, vão se aproximando de atos mais extremos.

Depois que tomamos um pequeno passo inicial em direção a uma ação mais problemática, tal como desviar muito dinheiro da empresa na qual você é o tesoureiro, tendemos a nos acostumar com esse primeiro passo – pegar R$ 20,00 do caixa a pedido de um colega da empresa que está necessitado – e ele passa a ser o nosso novo ponto de referência. O segundo passo – pegar R$ 80,00 do caixa – pode parecer menos grave, já que a comparação agora seria feita com os R$ 20,00 roubados e não com a situação inicial. Cada aproximação de um ato desonesto mais grave vai tornando esse ato menos absurdo na cabeça da pessoa porque a referência sempre será o último passo realizado. Quando a pessoa finalmente concretizar o ato mais grave, ele terá sido apenas um pequeno passo além do anterior.

Mas também é importante considerar a cultura na qual esses humanos estão inseridos quando violam regras. No caso do Brasil, uma coisa sobre a cultura que vale a pena se lembrar é do "jeitinho brasileiro", que se manifesta de várias formas. Porém, sempre envolve alguma tentativa de quebrar regras sociais para obter benefícios sem fazer algo que seja explicitamente ilegal, geralmente vemos isso em ação quando alguém quer sair na vantagem por meio de algum improviso que burle as regras. Um exemplo: quando uma pessoa tenta ter uma "conversinha" com o funcionário de um lugar para conseguir ser atendido mais rápido do que os demais. A pessoa não está fazendo nada que, de acordo com o código penal brasileiro, seria considerado formalmente um crime, mas também não é essa a norma de comportamento que se espera naquele contexto (cada um deve esperar a sua vez chegar). Essa estratégia tornou-se tão comum no dia a dia de muitos lugares no Brasil, que as pessoas geralmente aceitam esse tipo de comportamento, ainda que aquilo possa inclusive trazer algum prejuízo direto para elas.

Mesmo os indivíduos com um histórico livre de corrupções graves, podem passar a agir de maneira corrupta depois que adquirem alguma forma de poder na sociedade em que vivem. Esse poder refere-se à capacidade de controlar recursos de uma forma que a maioria das pessoas não pode em um certo contexto. Pessoas com maior poder possuem um lugar privilegiado na hierarquia de onde vivem e recebem benefícios materiais, sociais e psicológicos simplesmente por serem percebidos em um lugar mais alto nessa hierarquia. Afinal de contas, a capacidade das pessoas de ter acesso a recursos em um determinado contexto será em parte influenciada e decidida pelas pessoas que possuem maior acesso e poder de decisão sobre esses recursos.

Além disso, o poder costuma levar as pessoas a dar maior importância e a focar mais em si mesmas na hora de tomar decisões. Embora elas tenham os seus privilégios, também é preciso garantir que os lugares na hierarquia estejam seguros, e para isso, podem se engajar tanto em ações boas quanto ruins. Como quase todas as pessoas com poder precisam se submeter a quem tem mais poder na hierarquia, nem sempre essa pessoa fará coisas com as quais se sente totalmente confortável ou que são coerentes com os seus valores morais. Embora o comportamento de alguém com poder seja geralmente mais autoritário com quem tem menos poder que ele, a sua postura costuma ser de submissão em relação a quem tem mais poder, já que agir diferente disso envolve o risco de perder uma parte ou todo o seu poder.

Em geral, quanto mais uma pessoa sobe na escada do poder, maior será a necessidade de flexibilizar os seus padrões morais, pois só assim ela pode permanecer em sua posição social, ao mesmo tempo que outros também gozam de seus privilégios. Ou seja, ou aceita as regras do jogo ou pode ser colocado para fora. Portanto, esse é o preço que alguém pode ter de pagar se quiser entrar no sistema e conseguir permanecer em hierarquias de poder, nas quais a corrupção institucional esteja bem instalada.

Quanto mais poder alguém tem, a tendência é sentir menos confiança nos seus subordinados e mais disposição a fazer coisas que desestimulem a desobediência deles. Por exemplo, alguém com muito poder pode querer humilhar na frente dos outros um subordinado que quebrou uma regra ou se comportou indevidamente para que ele sirva como exemplo para os outros.

Trapaceiros, desumanização e psicopatia

Seres humanos não costumam gostar de quem é muito egoísta, mas gostam menos ainda de quem é criminoso. Pessoas que cometem crimes violentos, como um homicídio, por exemplo, costumam ser vistas pelos outros como "menos pessoas" e esse processo é conhecido como desumanização. Quando uma pessoa desumaniza outra, há uma dificuldade de atribuir características essencialmente humanas à pessoa que foi desumanizada, tais como capacidade plena de autoconsciência, dor, culpa, caráter e capacidade de mudar. Como são pessoas que passam a ser vistas como "menos pessoas", não é nenhuma surpresa haver muita gente julgando, como razoáveis, as punições cruéis ou a própria morte. Afinal, os criminosos violentos são vistos mais como um tipo de monstro do que como um ser humano.

Sabemos como as pessoas se sentem quando são maltratadas: elas sentem dor, arrependimento e culpa, mas não sabemos como monstros se sentem porque não somos monstros. Então é mais fácil aceitar a ideia de torturar um monstro do que um ser humano que talvez não seja completamente diferente de nós mesmos.

A capacidade de desumanizar quem é visto como trapaceiro parece estar ligada à grande sensibilidade que seres humanos têm a trapaceiros. Inclusive, muitas pessoas estariam dispostas a gastar até mesmo o próprio dinheiro para punir um trapaceiro, caso tivessem essa oportunidade, do que o deixar impune. Essa tendência é conhecida como punição altruísta e acontece mesmo que a punição não traga nenhum benefício concreto ou apenas aumente o prejuízo causado pelo trapaceiro.

Se os monstros estão em um extremo das pessoas nas quais não se pode confiar de jeito nenhum e as quais devem ser punidas severamente, os familiares e amigos geralmente ficarão no outro extremo da confiança. Talvez uma das melhores formas de entender quem as pessoas geralmente consideram um amigo seja observar aquelas pessoas de que elas gostam, confiam e com quem têm intimidade. Embora se tornar amigo de alguém seja um processo que pode tomar uma considerável quantidade de tempo até que a confiança seja construída, são necessários apenas alguns segundos para que essa confiança seja totalmente quebrada, e a amizade, desfeita. Nossa sensibilidade a trapaceiros costuma ser tão grande que qualquer sinal claro de que a pessoa tenha feito algo que te prejudicou e poderia ter evitado pode fazer com que todos os outros inúmeros sinais de confiabilidade sejam ignorados e você só queira se afastar daquela pessoa (talvez depois de xingá-la bastante).

Foi como eu disse antes: um único ato negativo pode pesar muito mais do que vários atos positivos na maneira como você verá aquela pessoa. Isso faz algum sentido, já que quando se trata de pessoas das quais você gosta e já confia, você espera ainda mais que elas se comportem de uma maneira positiva com você do que a maioria das outras pessoas. Além disso, é provável que um amigo seu seja uma pessoa com a qual você conviva mais e que possui mais influência em diferentes aspectos da sua vida. Então, se uma ação dele surpreende negativamente e revela que ele pode não ser tão confiável assim, tomar cuidado com essa pessoa pode ser mais urgente ainda. Talvez seja necessário evitar a companhia dela ou, antes de poder seguir em frente, ter uma tremenda discussão de relacionamento.

Entretanto, não há como simplesmente evitar algumas pessoas, afinal, por mais sacana que elas possam ser, se for um membro da família, como um irmão, tia ou primo, provavelmente se esquivar não será fácil. Muitas culturas impõem que parentes devem se ajudar e se aceitar de qualquer jeito, não importa a circunstância ou o caráter das pessoas envolvidas. Isso é muito lindo e bom se os seus parentes forem legais, mas será difícil colocar essa ideia na prática se você tiver parentes que querem te manipular, prejudicar ou se aproveitar de você. A situação é mais grave ainda se você der o azar do seu parente ser um destes seres humanos com altos níveis de psicopatia. Ela é um conjunto de traços de personalidade que descreve pessoas mais inconsequentes, impulsivas e insensíveis às emoções dos outros. Essas pessoas frequentemente agem pensando no próprio umbigo e usam os outros como formas de alcançar seus desejos, desconsiderando como próprio ônus ou sofrimento que podem causar. O problema é que esses indivíduos também costumam ser altamente sedutores e habilidosos na forma de interagir com os outros, o que os leva a ganhar a confiança dos outros por exibir comportamentos muito coerentes com o estereótipo de alguém confiável. E a ironia trágica é que algumas delas geralmente são menos confiáveis do que a maioria.

Muitos pensam que pessoas com altos níveis de psicopatia são necessariamente agressivas, cruéis e criminosas. Na verdade, a psicopatia se tornou quase um sinônimo de ser uma pessoa terrível ou com ações horrendas. Logo, não é por acaso que, quando é noticiada a existência de um assassino em série ou de alguém que cometeu um crime brutal, muitos enxergam essa pessoa como um candidato a psicopata. Quase como se isso fosse uma explicação para o que a pessoa fez (algo como "a pessoa cometeu esse crime porque é psicopata, e ela é psicopata porque cometeu esse crime"). Pessoas com altos níveis de psicopatia não se envolvem necessariamente em crimes graves ou são assassinos em série, embora isso também faça parte do estereótipo que se construiu em torno deles. Algumas pessoas com altos níveis de psicopatia talvez sejam criminosas, mas nem todo criminoso será o exemplo perfeito de alguém com altíssimos níveis de psicopatia como alguns pensam.

Essas pessoas também podem ser vistas como alguém que já nasce ruim por natureza e que não podem mudar com o passar do tempo. Na verdade, ninguém nasce psicopata. Ninguém nasce nada. Você nasce como um humano com várias potencialidades, e é isso. Dizer que alguém já nasce com uma caraterística da personalidade tão complexa quanto a psicopatia é incorrer em uma ideia conhecida como determinismo genético, e já sabemos que ela é uma simplificação incorreta das coisas. Lembra quando falei sobre como a herança genética e o ambiente interagem durante o desenvolvimento dos seres vivos para produzir as suas características? Isso também serve para as características da personalidade dos seres humanos. Então mesmo que exista uma contribuição genética relevante para alguém desenvolver alguns traços de personalidade, o ambiente sempre contribui também para a manifestação e manutenção de tais traços. É verdade que pessoas com alto nível de psicopatia podem exibir sinais disso desde muito cedo, mas aí é bem diferente de dizer que eles nasceram praticamente predestinadas a exibir essas características e que nada pode ser feito para que isso mude.

E aí, é para confiar ou não?

Depois de toda essa longa explanação, provavelmente ficou claro como é difícil saber se pode ou não confiar em outras pessoas. Logo, não existe uma resposta clara que seja independente de todas essas nuances e particularidades. Os seres humanos são criaturas extremamente complexas e sensíveis às circunstâncias que os rodeiam ao longo do seu desenvolvimento, o que torna prever com certeza como eles se comportarão em diferentes situações uma tarefa quase impossível. De toda forma, atualmente a maioria das pessoas não terá muita escolha e precisará confiar em várias delas, mesmo sem ter ideia do quão confiáveis são.

Mesmo aqueles que você conhece há muito tempo, gosta, ama e em quem confia, também são apenas seres humanos com várias dessas tendências que descrevi aqui, nem todas tão legais assim como você deve ter reparado. Eles provavelmente vão confiar em você, ajudá-lo, mentir para você e decepcioná-lo. Às vezes, tudo isso ao mesmo tempo. Se quiser conviver entre os seres humanos, aceite que eles terão paradoxos, que vão magoar você e o farão feliz também em diferentes momentos da sua convivência com eles. Claro que é uma boa ideia tentar se cercar de seres humanos bem legais, mas mesmo isso ainda não é garantia de que eles só te farão sorrir sempre. Nada nem ninguém poderá te dar essa garantia, já que toda pessoa tem as suas variações de humor, seus interesses, suas qualidades e suas dificuldades – assim como você.

Talvez isso seja um pouco desanimador e desapontador, mas talvez seja possível olhar para tudo isso de uma outra perspectiva, menos pessimista. A realidade é sempre preferível à ignorância e precisamos encará-la se quisermos agir da melhor maneira. Fechar os olhos para o fato de que as pessoas mentem, traem, agem de forma corrupta e incoerente com os próprios valores morais não fará com que elas parem de fazer essas coisas. Tentar acreditar na historinha de que existem pessoas más por detrás de atos maldosos e que pessoas boas são umas santas o tempo todo não mudará o fato de que isso não é verdade. Ignorar isso tudo só te tornará mais vulnerável a decepções, e nem eu e nem você queremos isso, certo? Abra a janela e encare a realidade, por mais que a claridade do sol possa fazer os olhos doerem um pouco (na verdade, olhar para o sol não é realmente uma boa ideia, mas acho que você entendeu o meu ponto).

As pessoas fazem, fizeram e provavelmente continuarão fazendo essas coisas nada legais por muito tempo. Logo, é mais prático aceitar isso, pois não há como mudar a realidade magicamente, por meio de sua contestação. Se todos reconhecerem esse fato, será possível tentar entendê-lo de uma maneira mais realista e ao mesmo tempo menos dolorosa. As pessoas mentem sim, mas geralmente são mentiras que visam preservar um bom clima com os outros e causam pouco ou nenhum prejuízo para os outros. Algumas contam mentiras que podem servir para manipular e prejudicar os outros, porém na maioria dos casos não é isso o que vai acontecer, visto que, geralmente, quem vai estar por detrás dessa mentira não será o psicopata mais terrível, cruel e genial que já existiu no planeta Terra.

As pessoas podem frustrar suas expectativas sobre elas, mas também são capazes de aprender, refletir sobre as próprias atitudes e se esforçar para não repetir o mesmo erro. Muitas vezes, elas até conseguem não os repetir. *Eu juro que já vi isso acontecer!* Uma das coisas mais incríveis sobre ser um humano é que ele pode refletir sobre suas ações e mudar o próprio comportamento no futuro. Todos são passíveis de cometer erros, mesmo os casais que se amam ou os bons amigos se desentendem às vezes e têm a confiança da relação abalada. Entretanto, uma conversa honesta pode talvez resolver o problema definitivamente – ou não também, depende da situação.

As mesmas pessoas que mentem, traem e quebram a confiança também são capazes de fazer coisas extremamente admiráveis por alguém. Elas podem ser solícitas, apoiar e se sacrificar visando o benefício do outro. Há, é claro, os trapaceiros e sim, ninguém gosta deles e a maioria dos seres humanos possui uma propensão a querer puni-los se puderem, ainda que isso traga algum prejuízo. Tudo isso compõe um leque bem grande de pessoas dentre as quais existem muitas que compartilham a mesma vontade de conviver com pessoas confiáveis, legais e generosas. As pessoas podem reconhecer as afinidades entre si, e então criar um clubinho de amigos e amigas, criar um grupo no WhatsApp, *zap-zap*, *zip-zup*, ou algo do tipo, e barrar todos os chatos que tentarem se infiltrar. Assim, basta selecionar bem as próprias companhias e torcer para que poucos trapaceiros cruzem o seu caminho.

Se o seu sentimento for de pessimismo quando se trata de relacionamentos, vale a pena repensar o posicionamento para não acabar fazendo um julgamento muito enviesado sobre isso. Quando se atribui uma importância muito grande apenas para os aspectos negativos envolvidos nas relações, o olhar se torna enviesado, pois se existirem aspectos positivos, não faz sentido chegar a alguma conclusão considerando somente os aspectos negativos. *Concorda?* O cérebro humano sempre se esforça para simplificar a realidade e facilitar a vida das pessoas, mas, nessa tentativa, ele pode tentar resumir demais a história e acabar deixando de lado coisas que são muito importantes, como os vários aspectos positivos dos relacionamentos que podem contribuir tanto para a saúde física quanto para a mental.

O fato é que os seres humanos dependem muito uns dos outros e a tendência observada nos últimos tempos é que as sociedades têm se tornado cada vez mais interligadas de um jeito nunca visto na história. Como falei antes, a necessidade humana de vínculo dirige vários aspectos da nossa vida e nos motivam a criar e manter relações significativas uns com os outros. Quando tal necessidade não é satisfeita, muitas vezes as consequências são negativas, mas não sempre, claro, pois essa necessidade pode afetar as pessoas de maneiras variadas. Viver em completo isolamento é possível sim, mas muito mais difícil e inviável do que talvez pareça na teoria. A solidão pode fazer muito mal para a mente do membro de uma espécie que se adaptou tanto a um estilo de vida em grupo como é o caso da nossa.

Além disso, as pessoas vão acabar precisando confiar em muitas outras ao longo de suas vidas para poder usufruir de boas relações, experiências significativas e das diversas conveniências e mordomias que o mundo moderno oferece. Um exemplo de conveniência é uma pessoa poder ir até a geladeira toda vez que estiver com fome, ou a um restaurante, ou ainda ao supermercado em vez de ter de procurar na floresta algo para comer sem ter certeza do que encontrará, de que o seu alimento não é tóxico ou de que a própria pessoa não se tornará uma refeição de outro ser vivo. Do mesmo modo, sem que houvesse pessoas para cultivar, colher, limpar, distribuir e disponibilizar os alimentos, para muito mais gente, cada dia poderia ser uma dura batalha pela sobrevivência.

Outra conveniência é a de que, durante a infância, as pessoas costumam receber vacinas que as tornarão imunes a várias doenças que poderiam prejudicar bastante a saúde, chegando ao ponto de serem fatais. Ao viver isoladamente em uma floresta, uma simples infecção advinda de um corte ou ferimento poderia significar sérios problemas para alguém, mas vivendo em sociedade, há como se dirigir a um hospital ou a uma farmácia para, em pouco tempo, estar recuperado. Se não pudéssemos contar com pessoas que estudassem, desenvolvessem e distribuíssem remédios e tratamentos para doenças e condições médicas, bem como com pessoas preocupadas com as condições sanitárias e a alimentação da população, a expectativa de vida de um ser humano nascido no Brasil dificilmente teria chegado ao patamar de 75 anos, como aconteceu em 2017. Temos muitos problemas em nossa sociedade que precisam melhorar, mas é difícil negar todos os avanços que já alcançamos e que maximizaram tanto a saúde e o bem-estar dos seres humanos.

Confiar nos outros sempre envolve um risco e isso pode causar muita dor de cabeça, porém, se isolar das pessoas para não arriscar talvez leve a riscos piores ou até mais prováveis de se concretizarem. Além disso, ao se isolar dos outros, perde-se uma oportunidade única de viver experiências positivas que apenas são possíveis por meio da interação com os outros. Tudo bem se você é uma pessoa mais introvertida, tímida ou não tão entusiasmada assim com as outras pessoas. Nem todo mundo tem a mesma necessidade de contato social que a maioria das pessoas costuma ter e não existe nenhum demérito nisso. É simplesmente como algumas pessoas são. Só me faça um favor e certifique-se de que essa sua preferência por evitar o contato social é só uma preferência mesmo, que não te traz prejuízos, e não algo resultante de dificuldades que você adquiriu ao longo da vida e que estão atualmente limitando negativamente a sua experiência humana. Essa segunda possibilidade seria muito ruim.

A história de vida de algumas pessoas é bem difícil e é possível imaginar como isso afetaria as expectativas dela em relação aos outros, como isso pode deixar alguém bem pessimista com a humanidade. Durante a infância, as crianças sempre estão aprendendo o básico do básico sobre quase tudo, inclusive sobre as outras pessoas e como interagir com elas e sobre o que esperar delas. Experiências negativas nessa fase podem deixar impressões enviesadas acerca dos outros ou de si mesmo, as quais afetarão muito da interpretação da realidade a partir daí. As experiências negativas vividas pelas pessoas podem levá-las à conclusão de que os seres humanos são ruins, que farão o mal se tiverem uma oportunidade, que não se pode confiar em ninguém ou que o melhor que alguém pode fazer é nunca precisar contar com ninguém. O que existe de comum entre essas conclusões que mencionei é que todas são generalizações absolutas e extremas sobre os outros. A crença de que "não se pode confiar em ninguém", por exemplo, não admite exceções, nuances ou qualquer flexibilidade (mesmo você sabendo que, na prática, existem algumas pessoas mais malvadas do que outras).

Por mais negativas e extremas que possam ser essas crenças, elas deviam fazer sentido no contexto em que surgiram. Se na sua infância os seus cuidadores trataram você de um jeito que o fazia se sentir um lixo, por que diabos você concluiria alguma outra coisa? Você era apenas uma criança que mal entendia o que estava acontecendo e concluiu aquilo que o ambiente estava lhe mostrando. Apesar disso, é sempre bom lembrar que uma pessoa não é o que disseram ou o que dizem que ela é. As crenças negativas que foram colocadas na cabeça dos indivíduos podem sim ser mudadas e isso permite desfrutar melhor de relações com as outras pessoas.

Esse pode ser um processo difícil, doloroso, mas é extremamente recompensador depois de se aprofundar nele de uma maneira adequada. Tentar lidar com esse tipo de coisa sozinho pode ser trinta vezes mais difícil, e o auxílio de um profissional pode facilitar muito as coisas.

CAPÍTULO 4

Posso confiar em mim mesmo?

Resposta breve: geralmente, sim; mas muitas vezes, não.

Resposta detalhada: a maioria dos indivíduos não sabe que se parece com a maioria das pessoas em vários quesitos. Entretanto, ao ler e entender o significado dessa frase, pode ser que você esteja no caminho de sair dessa ilusão psicológica – o que é fantástico se pararmos para pensar. Nada mais que algumas palavras lidas durante cerca de seis segundos foi necessário para que isso ocorresse. Esse cenário ilustra a incrível capacidade do ser humano de se questionar e mudar.

A espécie humana tem um enorme potencial de se adaptar a novas circunstâncias, de aprender com base em suas experiências e de superar obstáculos que pareciam insuperáveis. Tudo isso graças ao cérebro, uma máquina fantástica de sobrevivência e compreensão do mundo. Muitas das coisas mais banais que ele permite fazer no dia a dia, tal como dirigir um carro, exigem verdadeiras façanhas nos bastidores do sistema nervoso, as quais são realizadas de forma rápida, eficiente e silenciosa sem que a pessoa fique sabendo. Porém, por mais incrível que seja, esse amontoado de gordura e células nervosas, guardado com tanto carinho dentro da cabeça, está longe da perfeição.

Os processos cognitivos que envolvem a percepção, a atenção, o pensamento, a imaginação e a memória serão tão bons quanto o cérebro permitir que eles sejam, já que é a partir do funcionamento conjunto de diferentes regiões cerebrais que o ser humano é capaz de usufruir de tais processos cognitivos. Se existe um limite para a quantidade de informações que o cérebro capta de uma única vez, então a percepção e a atenção serão imperfeitas; se existe um limite para as informações que somos capazes de considerar a fim de chegar a conclusões válidas, então o pensamento e a imaginação também serão imperfeitos; e se existe um limite para o nível de precisão com o qual se recorda de uma informação, então a memória será imperfeita. Portanto, como existem limites cerebrais para todas essas capacidades cognitivas e o mundo é extremamente complexo, nem sempre é uma boa ideia confiar tanto assim nessas capacidades, visto que, com frequência, elas podem fazer alguém de bobo.

Além dos pensamentos, emoções e comportamentos das pessoas serem influenciados pelas capacidades do cérebro, eles também serão muito influenciados pelo meio à sua volta. Ao longo da vida, uma pessoa desenvolve várias habilidades, preferências, receios, desejos, hábitos, trejeitos e crenças que são impactadas por vários processos biológicos, sociais, culturais e históricos, muitos dos quais ela ainda não tem consciência plena e talvez nunca venha a ter. Isso porque as influências desses processos podem ser difíceis de perceber, já que muitas delas se dão de uma forma muito sutil ou abstrata para conseguirmos pegá-las no flagra. Mas mesmo que essas influências possam se dar de uma maneira tão sutil, os impactos delas podem ser gritantes.

A percepção é limitada

O cérebro humano não é capaz de processar todas as informações disponíveis nos ambientes pelos quais uma pessoa passa. Se ele fosse capaz disso, dificilmente ocorreria um dos acidentes domésticos mais odiados do mundo: bater o dedinho do pé na quina da cama, sofá ou qualquer outro móvel sorrateiro dentro de casa. Talvez alguém já tenha tido seu dedo quase decepado dessa forma e por isso saiba do que estou falando. Além disso, as pessoas também não tropeçariam na rua e haveria muito menos acidentes de trânsito que é, inclusive, uma das maiores causas de mortes evitáveis no mundo, sem contar com vários outros aspectos da vida que também seriam diferentes. Esses exemplos se relacionam tanto com o fato de que a capacidade cerebral de processar informações é limitada quanto com uma questão bem mais concreta e biológica – no caso da visão –, por exemplo. Existe uma parte na retina que não possui receptores sensíveis à luz, porque é nessa parte que o nervo óptico sai do olho e se conecta ao cérebro para transmitir informações sobre a visão. Essa característica acaba gerando um ponto cego nos olhos de cada ser humano.

Se quiser uma demonstração prática de que você possui esse ponto cego, basta fazer um teste simples. Primeiro, antes de iniciar o teste, leia as instruções deste parágrafo até o fim: feche o olho direito e olhe apenas com o olho esquerdo para o sinal de soma (+) que está presente na imagem a seguir, enquanto mantém uma distância de mais ou menos cinquenta centímetros do livro. Mesmo olhando para o +, o cérebro ainda será capaz de perceber a bolinha preta ao lado esquerdo, graças à visão periférica. Em seguida, aproxime lentamente o livro do rosto, enquanto continua olhando somente para o +.

●   +

Depois do teste, é possível notar que, a uma determinada distância, a bolinha preta deixa de ficar visível para a visão periférica. Isso aconteceu porque a bolinha preta está sendo projetada dentro da área da retina em que fica o ponto cego. Desse modo, se o teste for feito com a visão do outro olho, ao fechar o olho esquerdo, fixar o olhar do olho direito na bolinha preta e aproximar lentamente o livro do rosto, como no teste anterior, o sinal de soma (+) deve sumir de vista.

Ao parar e analisar, de fato seria uma tarefa realmente muito audaciosa para qualquer um captar simultaneamente todos os detalhes visuais de qualquer lugar. Como deve ter notado por meio da demonstração proposta no teste, os olhos podem não captar coisas que estão bem à sua frente, ainda que saiba da presença de tais elementos lá. Em um quarto, por exemplo, a tarefa de perceber todos os detalhes visuais significaria conseguir ver de forma precisa e simultânea todas as cores, formatos e posições de todos os objetos e partes do quarto, como a parede, o chão, o teto, o armário, a cama, os quadros, os livros e qualquer outra coisa presente nele. É simplesmente muita coisa para a máquina dentro da sua cabeça poder captar.

O seu sistema visual também só é capaz de captar cores dentro de uma faixa limitada de frequências das ondas eletromagnéticas. Ondas com frequências maiores, como as dos raios-X ou gama, e ondas com frequências menores, como as do calor ou da televisão, estão fora do nosso alcance visual. Além disso, toda vez que você olha para a sua tão amada cafeteira vermelha e percebe que ele é da cor vermelha, você está sendo enganado, pois a sua cafeteira não é realmente da cor vermelha. Lamento ser a pessoa que vai lhe informar isso, mas, na verdade, o vermelho é a única cor que a sua cafeteira não "tem". O cérebro cria a sensação de que a cafeteira é vermelha, porque essa é a única frequência da luz que é refletida por ela para os olhos e que o cérebro pode processar. Isso porque todas as outras frequências foram absorvidas pelo objeto. A percepção de cores também depende da presença dos três tipos de cones que existem nas retinas dos seres humanos. Na ausência de um ou mais cones, a pessoa terá uma deficiência visual conhecida como daltonismo, que pode envolver dificuldades como não conseguir enxergar alguma cor primária ou confundir algumas delas.

No caso da audição, o mais comum é que as pessoas sejam capazes de ouvir sons dentro da faixa entre 20 Hz e 20.000 Hz, mas há muitas outras frequências possíveis em uma onda sonora. Tigres, por exemplo, podem emitir e perceber sons de baixa frequência conhecidos como infrassom (abaixo de 20 Hz) para intimidar rivais, proteger o seu território e atrair parceiras sexuais. Uma vantagem do infrassom é que, como o seu comprimento de onda é maior, ele consegue alcançar uma área mais extensa também, já que é menos afetado por interferências do ambiente, e isso permite que o tigre tenha um território de influência mais amplo. Então, existem muitos sons rolando por aí que você nem mesmo possui uma capacidade cerebral de captar, muito menos de transformar essa captação em uma experiência consciente de som.

Ao mesmo tempo que as pessoas podem falhar em perceber algo que está bem em frente a elas, o cérebro também é capaz de levar as pessoas a perceber algo que não está bem em frente a elas. Chamamos de alucinações as experiências que envolvem a percepção de estar vendo uma coisa ou ouvindo algo sem que realmente haja algo que corresponda objetivamente à experiência que a pessoa teve. Se você enxerga uma cadeira e realmente existe uma cadeira onde você está, tudo funcionou como era o esperado. Agora, se você enxerga uma cadeira, tem certeza de que está vendo uma cadeira bem na sua frente, mas não existe nenhuma cadeira ali, é aí que você está vivendo uma alucinação, sendo que a alucinação auditiva é a mais comum.

Pessoas que sofrem com algum transtorno dentro do espectro da esquizofrenia podem passar por grandes oscilações nas experiências de alucinações, delírios, pensamento ou discurso desorganizado, comportamento motor desorganizado ou sintomas negativos, tais como a expressão emocional reduzida e a pouca motivação para fazer coisas cotidianas (movimentar-se ou falar, por exemplo). Três transtornos que envolvem alterações em um ou mais tipos de experiência que mencionei são o transtorno psicótico breve, o transtorno esquizofreniforme e a esquizofrenia. A principal diferença entre eles é a duração dos sintomas. No primeiro, os sintomas duram entre dois dias e um mês. No segundo, a duração é entre um e seis meses. Já no terceiro, a partir de seis meses.

Outros transtornos que fazem parte do espectro da esquizofrenia são o delirante, que envolve a presença de delírios pelo menos por um mês, o transtorno esquizoafetivo, que envolve tanto sintomas da esquizofrenia quanto do transtorno bipolar, e o transtorno psicótico induzido por substância, que pode ser provocado por substâncias como o álcool, a maconha, os alucinógenos e outras. Apesar de todos esses nomes diferentes para cada transtorno, já deve ter ficado claro que eles compartilham de muitas características. Por isso, fala-se hoje em espectro da esquizofrenia, visto que as dificuldades vivenciadas pela pessoa podem variar consideravelmente em cada um desses aspectos – quais sintomas estão presentes, por quanto tempo e qual o nível de impacto negativo estão causando na vida da pessoa.

Vale ressaltar que alucinações não são experiências exclusivas de alguém vivendo algum transtorno dentro do espectro da esquizofrenia: pessoas que não possuem essas condições podem vivenciá-las e é mais provável que elas vivenciem uma alucinação hipnagógica (ao adormecer) ou hipnopômpica (ao acordar). Coincidentemente ou não, é exatamente nesse tipo de circunstância que as pessoas mais relatam experiências extraordinárias em casa, tais como serem visitadas por alienígenas ou entidades sobrenaturais.

A atenção é limitada

O excesso de informações, presentes no entorno em que o ser humano vive, e que precisam ser processadas, é um problema que o cérebro enfrenta o tempo todo. Também existe muito mais informação na sua memória do que o seu cérebro é capaz de recordar de uma única vez. Para piorar a situação, você costuma ter uma quantidade muito maior de opções de ação dentre as quais pode escolher do que o seu cérebro é capaz de ponderar em um curto intervalo de tempo. A solução que o seu cérebro encontra para lidar com essas dificuldades tem a ver com o processo cognitivo conhecido como atenção.

A atenção permite que uma pessoa consiga direcionar a sua limitada capacidade de processar informações às coisas que parecem mais importantes e da maneira mais eficiente possível. A atenção ajuda principalmente ao selecionar e modular as informações mais relevantes que levem a alcançar as metas atuais. Um dos maiores desafios para a atenção é permanecer sustentada por muito tempo, já que geralmente isso exige bastante energia e o cérebro adora economizá-la. Basta você tentar puxar na memória para que se lembre de como era difícil se manter totalmente concentrado durante aquelas longas aulas expositivas da faculdade ou da escola. Às vezes, a aula até apresenta um assunto bem interessante e o professor se esforça para não a deixar entediante, mas eventualmente o cérebro sucumbe à fadiga – e isso faz todo sentido psicológico.

A atenção pode ser dividida em pelo menos dois tipos: a externa e a interna. A externa envolve as informações sensoriais que são provocadas pelo seu meio, tais como informações sobre espaço, tempo, calor, gostos ou cheiros, por exemplo. Já a atenção interna é a que lida com informações geradas internamente, como memórias, pensamentos, regras, emoções e outras reações psicológicas. Então, enquanto uma pessoa permanece sentada em uma cadeira assistindo a uma aula de matemática sobre trigonometria – um assunto que provavelmente prende menos a atenção da maioria das pessoas do que um episódio de *Game of Thrones* –, a atenção dela pode estar focada tanto nas informações tratadas na aula, quanto em uma coceira na perna depois de uma picada de mosquito, no gosto do chiclete que está mascando, no próprio pensamento sobre como gostaria de estar assistindo vídeos no YouTube de um certo canal que fala sobre a mente humana, ou em uma memória daquele dia tão especial em que pode conversar com uma pessoa que balança o coração dela, mas que geralmente não demonstra nenhum interesse explícito. Tente prestar atenção em mais de uma das coisas que estão acontecendo com você agora e perceba como isso é complicado.

Muitas pessoas têm a ilusão de que são boas em realizar múltiplas tarefas simultaneamente. Elas estudam e ouvem música ao mesmo tempo, realizam um trabalho enquanto assistem televisão, ou falam com alguém no celular enquanto dirigem. A maioria das pessoas provavelmente já abriu vários arquivos ou abas no computador para realizar mais de uma tarefa ao mesmo tempo e ficou com a impressão de que foi mais produtivo, mas tome cuidado: não é porque você teve a sensação de que foi mais produtivo que você realmente foi mais produtivo. Sua sensação pode estar redondamente incorreta.

É perfeitamente possível que as pessoas pensem que a realização de múltiplas tarefas seja próspera, mas, na verdade, a eficiência é bem menor em cada uma delas, se fossem feitas uma de cada vez. E de fato isso é o que exatamente costuma acontecer com a maioria das pessoas. Realizar duas ou mais tarefas ao mesmo tempo tende a aumentar bastante a chance de utilizar um tempo maior para realizar o conjunto total de tarefas e cometer mais erros do que ao fazê-las separadamente. Isso acontece porque o cérebro humano não tem a capacidade de realizar muitas das tarefas que as pessoas em geral fazem de forma simultânea. Na prática, quando alguém acha que está realizando múltiplas tarefas ao mesmo tempo, está na verdade sendo "o inocente" que não sabe de nada, do qual o compadre Washington do grupo *É o Tchan* tanto falava, visto que, na realidade, há uma alternância do foco de atenção entre as tarefas de maneira rápida.

Durante esse processo de início, parada e retomada de atenção em cada tarefa, que tende a ocorrer várias vezes, é mais provável que a pessoa acabe deixando de notar um erro que cometeu. É também provável que, se o foco de atenção estivesse em uma única tarefa, até ela estar totalmente terminada, o tempo para terminá-la fosse menor.

Quando a nossa atenção está focada em algo, podemos ser vítimas da cegueira atencional. Ela acontece quando você não consegue perceber uma coisa que surgiu de forma inesperada, mesmo que ela esteja bem visível, porque a sua atenção já estava ocupada com alguma outra coisa. Se você está conversando com alguém no celular enquanto dirige em direção ao seu trabalho e uma pessoa tenta atravessar a faixa de pedestre da qual você está se aproximando, as chances de não conseguir perceber o pedreste são bem maiores do que se você estivesse direcionando toda a sua atenção para o caminho que está fazendo (sem se deixar distrair por uma conversa que poderia ser feita alguns minutos depois, quando você chegasse em casa).

Uma coisa muito útil que a atenção permite ao ser humano fazer é ignorar informações irrelevantes e focar apenas em coisas mais importantes naquele momento. O problema é que aquilo que é mais importante no ambiente pode mudar de maneira muito brusca quando você está se movimentando em uma velocidade muito acima do que o nosso cérebro tem capacidade de acompanhar da maneira ideal, ainda mais quando estamos distraídos. Por isso, a recomendação é evitar a realização de tarefas simultâneas, tanto para haver mais eficiência nos estudos ou no trabalho quanto para permanecer mais seguro. Alternar a atenção entre dirigir um carro e falar ao celular, por exemplo, aumenta significativamente a probabilidade de um acidente, que pode causar um grande prejuízo financeiro ou físico, além de aumentar a probabilidade de você prejudicar ou até mesmo matar alguém por distração. Tenho certeza de que a ligação que você estaria fazendo não era mais valiosa do que o dinheiro que precisará gastar por causa de uma batida ou do que a vida preciosa de um ser humano.

A memória é limitada

A maioria das pessoas já deve ter passado pela experiência de se lembrar com nitidez do modo como um evento ocorreu e então, em um belo dia ensolarado, perceber que esse evento não tinha acontecido exatamente como pensava, logo depois de conversar com alguém que também estava presente naquela circunstância. As pessoas que passaram por isso são parte das inúmeras vítimas das memórias falsas. Tratam-se de memórias guardadas sobre eventos que nunca ocorreram ou que ocorreram de uma maneira consideravelmente diferente do que a pessoa se lembra. A parte mais difícil de aceitar em uma memória falsa é que algumas delas podem ser extremamente vívidas. Desde crianças, o ser humano aprende a dica de que, quando uma memória é vívida, ela deve ser confiável. Geralmente, quanto mais vívida é uma memória, maior a probabilidade de ela ser precisa. Entretanto, as memórias falsas mostram que há exceções a essa regra.

Muitas pessoas podem pressupor que as próprias memórias funcionam de uma maneira bem rigorosa, quase como se cada memória fosse guardada de forma organizada dentro de um arquivo no cérebro, o qual é possível acessar de forma precisa. Porém, o que essas pessoas não sabem é que as memórias são maleáveis e podem ser influenciadas por várias coisas. Uma pessoa pode inclusive se tornar vulnerável a distorcer uma memória pelo simples fato de tentar se lembrar dela. Algo tão aparentemente trivial quanto a maneira pela qual uma informação é perguntada – "O criminoso tinha alguma tatuagem?" – já pode induzir uma pessoa a relatar uma memória diferente da que ela relataria se a pergunta fosse outra – "Como era a aparência do criminoso?". Os meus amigos Renan Saraiva Benigno e Goiara Mendonça de Castilho descrevem, no livro *Psicologia do testemunho ocular: aplicações no contexto forense e criminal*, que testemunhas oculares de crimes são especialmente suscetíveis a influências posteriores ao evento que presenciaram, como as perguntas específicas feitas a elas por investigadores.

Nos anos 1990, alguns terapeutas acreditavam que experiências traumáticas na infância poderiam se tornar tão reprimidas no inconsciente das pessoas, que elas talvez só conseguissem se lembrar desses traumas e se libertar deles, de uma vez por todas, com a ajuda de um terapeuta. Então, o terapeuta, com a melhor das intenções e confiante de que poderia ajudar seu paciente a relembrar do que aconteceu, fazia o quê? Perguntas, muitas vezes bem direcionadoras, sobre como aquilo poderia ter acontecido, sugeria que o paciente tentasse se imaginar naquela situação de novo ou até recomendava a ingestão de substâncias que pudessem dar aquela forcinha à imaginação... digo à memória da pessoa. Tudo isso aconteceu com pessoas que se consultaram com alguns desses terapeutas na época.

Depois dessas sessões, algumas pessoas se recordaram de eventos traumáticos que teriam supostamente acontecido, até mesmo décadas antes. Isso não é tão surpreendente, visto que, através de algumas técnicas que conhecemos melhor hoje em dia, é possível plantar memórias falsas na mente de uma pessoa, tão peculiares quanto aquelas que sugerem que a pessoa foi abduzida por alienígenas ou até mesmo que participou de um ritual satânico — coisas que provavelmente não devem ter ocorrido com a maioria das pessoas. Entretanto, o que de fato surpreende nessa história toda é que, infelizmente, eventos traumáticos costumam ser muito bem lembrados por quem passa por eles, e não reprimidos. Na verdade, quando alguém sofre eventos emocionalmente mais intensos, a memória dela sobre esses eventos tende a ser mais forte. Pessoas vivenciando o transtorno do estresse pós-traumático, por exemplo, passam por uma situação altamente estressante e não costumam ter dificuldade para se lembrar do que aconteceu, pelo contrário, a dificuldade na maioria das vezes existe em parar de pensar sobre os detalhes do evento que as traumatizaram. Por anos, essas pessoas podem experimentar *flashbacks* vívidos do trauma e terem a vida muito prejudicada por isso.

O tipo de técnica usada pelos terapeutas, que apostavam as suas fichas na ideia dos traumas reprimidos, acabou induzindo pacientes a produzir memórias falsas com muito mais facilidade do que esses terapeutas imaginavam. Quando essas memórias envolvem, por exemplo, eventos nos quais um pai teria maltratado a sua filha, fica claro que esse procedimento pode ser bastante perigoso, quando usado de maneira ingênua. Uma acusação grave talvez tivesse como base uma memória induzida pelo próprio terapeuta, sem que ele tivesse noção disso. Esse exemplo, infelizmente, é bem real, e já houve casos em que pais foram presos por supostamente terem maltratado os seus filhos, e depois ter ficado claro que o crime não havia ocorrido. Deve ser uma dor sem tamanho para um pai ou mãe viver algo assim. O desfecho pode ser trágico quando alguém quer ajudar as pessoas a lidar com suas dificuldades, mas se baseando em ideias ou métodos que partem de pressupostos não muito bem verificados ou já sabidamente problemáticos.

O pensamento é limitado

"Confie na sua intuição", eles disseram. "Ela sempre está certa", também afirmaram. Mas tenho certeza de que todo mundo já teve a intuição de que devia fazer algo e depois viu que, na verdade, melhor seria não ter feito. Talvez a pessoa tenha sentido do fundo do coração que devia mandar uma mensagem para a ou o *ex*, sentindo que o casal ainda podia voltar e se entender, apenas para depois perceber que o casal cometeria os mesmos erros de antes ou outros novinhos em folha – é claro que também há a possibilidade de se entender. Agir impulsivamente a partir da intuição pode ser a melhor – ou a pior – decisão, a depender do contexto, mas certamente agir sempre a partir da intuição não é a ideia mais sábia a se seguir.

A intuição está relacionada com uma das duas formas mais básicas de pensar, as quais a mente humana se utiliza para interpretar a realidade e auxiliar as pessoas a tomarem decisões no cotidiano: o processamento do tipo 1 e do tipo 2. O processamento do tipo 1 é uma forma mais rápida, eficiente, intuitiva, autônoma, e automática de absorver informações do ambiente. Trata-se de uma maneira mais rudimentar e prática de analisar o seu meio, além de ser comum a muitas outras formas de vida. Já o processamento do tipo 2 é um jeito de pensar menos eficiente, mais lento, racional, consciente, controlado e que demanda mais esforço mental. Essa é uma maneira muito mais flexível e sofisticada de analisar o seu meio que, ao que tudo indica, não se manifesta em outras formas de vida – ao menos não no nível tão elevado quando o ser humano é capaz de exibi-la. Ao longo dos dias, essas duas formas de pensar convivem na mente humana e alternam suas preponderâncias de acordo com as circunstâncias. Entretanto, na maior parte do tempo, as pessoas são guiadas pelo piloto automático, mais conhecido como processamento do tipo 1, ou intuição.

Às vezes, as pessoas sentem ou até querem que uma ideia seja verdadeira, mas apesar de isso ser o que a intuição as leva a crer, é preciso ter cuidado. A intuição não é a fonte suprema, sagrada e mais pura da verdade sobre as coisas. Na verdade, o que chega até cada um por meio da intuição vem muito mais das próprias experiências prévias do que de alguma dimensão oculta que magicamente estaria conectada à mente. É claro que não há como provar que uma realidade oculta, invisível, intocável, sem cheiro ou calor não existe. Filosoficamente falando, é constrangedor tentar provar que algo não existe porque... simplesmente não dá para fazer isso. Se alguém afirmar para outra pessoa que existe um ornitorrinco invisível, com uma tatuagem tribal no rosto como a do Mike Tyson no filme *Se beber não case*, vestido de bailarina e tirando uma *selfie* invisível com essa pessoa neste exato momento, não teria como ela provar que a afirmação é errada. Porém, apenas pelo fato de a pessoa não conseguir fazer isso não torna tal afirmação mais provável ou menos provável de ser verdadeira, ela simplesmente não é verificável.

A intuição dá conta de coisas mais simples, previsíveis, concretas e familiares, mas qualquer complicação a mais já pode pifá-la. Se quiser ver como isso é verdade agora, é simples: me diga rapidamente o primeiro número que vem na sua cabeça quando eu lhe peço para calcular quanto dá 338 × 273. Agora faça essa conta com calma e me diga: o número que a sua intuição lhe trouxe estava correto? Suspeito que não. Já se eu lhe pedir para calcular 2 × 2, a resposta correta vem quase automaticamente à sua consciência. Apesar de estarmos falando de números agora, erros semelhantes a esse ocorrem corriqueiramente, sobre diferentes eventos na sua vida, como resultado das limitações da intuição humana.

Um dos principais motivos pelos quais você não deveria confiar tão cegamente na sua intuição é que ela é vulnerável a muitos vieses cognitivos: erros previsíveis que tendemos a cometer na tentativa do nosso cérebro de permitir que os nossos julgamentos e decisões ocorram o mais rápido possível e exijam o mínimo de energia necessário. Uma vez que você conheça um viés cognitivo, provavelmente começará a repará-lo frequentemente no seu dia a dia. Um que talvez esteja lhe acompanhando durante todo esse nosso papo é o viés do ponto cego: a tendência de identificar mais facilmente vieses ou falhas nos outros do que em si mesmo. É mais fácil para muitas pessoas reconhecer que os outros são vulneráveis a vieses, mas pode ser mais difícil perceber que você também é – e acredite em mim, você também é.

Outro viés que talvez você exiba com regularidade é o de retrospectiva. Depois de tomar conhecimento de um evento, alguém pode ficar com a sensação intuitiva de que já sabia de tal informação ou de que era óbvio que determinada situação aconteceria, que era algo previsível – mesmo que antes não fosse realmente tão previsível assim. As pessoas caem nessa pegadinha porque acabam se esquecendo do sentimento de incerteza que existia antes de descobrir o desfecho da história, o que pode dar a sensação de que realmente estava confiante na própria profecia antes mesmo de saber o que aconteceu. Se você já passou por isso, não há motivos para se preocupar, porque a maioria das pessoas exibe padrões como esse!

Um exemplo típico de como esse viés pode ser predominante ocorreu durante a pandemia do coronavírus. Quando o governo chinês decretou o *lockdown* em cidades como Wuhan, no início de 2020, várias pessoas acusaram o governo de ser autoritário e de desrespeitar os direitos dos cidadãos sem justificativa. Mas o que o mundo descobriu pouco tempo depois é que aquele era o começo da maior pandemia vivida no mundo nos últimos cem anos – ou seja, um evento raro. Não demorou muito até que o viés de retrospectiva batesse e muitas dessas mesmas pessoas passassem a acusar o governo chinês de não ter agido rápido o suficiente para impedir que o vírus se espalhasse pelo mundo ou que era óbvio o grande risco de contaminação em Wuhan. É mais fácil dizer isso depois de observar tudo o que aconteceu desde o começo de 2020.

Porém, apesar de tudo isso, a verdade é que a intuição será capaz de guiar as pessoas muito bem em grande parte das situações. Se alguém possui uma rotina relativamente parecida todos os dias, a intuição dela já deve ser especialista na maioria das coisas que ele faz, como amarrar os cadarços do sapato, escovar os dentes, dirigir o carro, tomar banho ou digitar senhas. Desse modo, essa pessoa mal precisa pensar para fazer essas coisas, visto que está bem acostumada com elas, o que leva a economizar tempo e energia. Quando é preciso tomar uma decisão rápida ou escolher uma dentre várias opções, pode ser bom também contar com a intuição, já que tentar decidir algo de forma racional em situações assim pode levar as pessoas a uma paralisia causada pela análise. Isso acontece quando um indivíduo fica tão receoso de que talvez não esteja fazendo a melhor escolha possível que ele acaba levando muito mais tempo ou não consegue sequer decidir. Uma pessoa que passa horas tentando escolher a roupa que vai usar para sair sabe como pode ser sofrido tomar certas decisões de forma muito meticulosa. Em situações assim, a intuição se mostra bastante útil e acaba ajudando a encontrar caminhos menos sofridos e mais rápidos do que a racionalidade.

Muitas pessoas veem a intuição como se fosse uma parte mais mística da nossa mente e dá para entender por que elas sentem isso. A nossa própria consciência a respeito da intuição é limitada e realmente parece misterioso o modo como ela chega até nós de forma muitas vezes sutil, repentina e ambígua. Quando você acaba de conhecer alguém e tem a intuição de que aquela pessoa pode não ser muito legal, de onde vem esse pensamento? Por que você está pensando isso da pessoa sem conhecê-la? A resposta para ambas as perguntas é que provavelmente a sua intuição está realizando uma predição sobre o seu ambiente, com base na sua percepção e na sua memória. Essas predições da intuição facilitam que nos adaptemos mais rapidamente às circunstâncias que nos cercam enquanto gastamos o mínimo de energia necessário.

No momento que algo acontece de maneira ruim, foge das expectativas ou dificilmente pode ser resolvido sem uma boa dose de pensamento cuidadoso, é que a estrela do processamento do tipo 2 brilha mais forte. Mas essa forma de pensar demanda mais esforço e, consequentemente, mais energia, sendo que o cérebro humano é extremamente mesquinho quando se trata de gastar energia. Por mais que a racionalidade seja útil e admirável, também é preciso ter cautela, já que frequentemente ela atua como uma espécie de advogada da intuição. Basta a intuição induzir a pessoa a fazer alguma bobagem, que a racionalidade dela pode sair em disparada para defender os tais atos e, assim, preservar a autoestima positiva da pessoa. O ser humano vive racionalizando as ações para reduzir a dissonância cognitiva e assim vai aprendendo ao longo da vida como racionalizar bem rápido para convencer os outros de que está certo.

A sensação de muitos é a de que cada indivíduo é autor dos próprios pensamentos, mas antes mesmo de se dar conta de que pensou algo, esse pensamento precisou sair de algum lugar que não foi necessariamente a consciência dele, certo? Por exemplo, pode ser que durante aquela corridinha matinal, realizada uma vez a cada dois meses, a fim de convencer o cérebro de que você é uma pessoa super fitness, pode surgir do nada na cabeça de uma pessoa a lembrança de que é necessário ir à casa dos seus pais à noite para um jantar. Mas de onde veio essa memória? A própria pessoa foi quem decidiu ter essa memória e então ela surgiu na consciência dela?

Quando você sente uma forte coceira porque um infeliz de um mosquito lhe picou, como você decide se vai se coçar? Você para, olha para a sua perna, pensa *acho que é melhor eu dar uma coçada agora mesmo* e aí sim você estende o braço para se coçar ou o seu braço vai quase automaticamente ao local da coceira resolver o problema sem que você precise pensar muito? Quando paramos para analisar esses exemplos que são tão frequentes, fica claro que a nossa consciência não é o centro de comando de todos os nossos comportamentos ou pensamentos. Nós podemos, sim, decidir deliberadamente fazer algo, como quando você resolve entrar na academia para poder pagar a mensalidade direitinho todo mês e talvez ir malhar algumas vezes ao longo do ano, mas realizamos muitas das nossas ações de forma espontânea, não controlada. Nossa fama de ser uma espécie racional é um pouco superestimada: em vez de sermos seres racionais com um lado mais intuitivo, na verdade estamos mais para seres intuitivos com um lado mais racional.

Crenças são limitadas

As crenças que as pessoas desenvolvem são bastante influenciadas pelo meio em que vivem. Claro que a cultura não determina com 100% de precisão qual será a crença de cada um. Afinal, o ser humano tem um cérebro capaz de raciocínio e, a partir dele, é possível rejeitar ou aceitar as ideias que são oferecidas ao longo da vida. Os conhecimentos colecionados sobre o mundo, que os indivíduos armazenam ao longo da vida, são armazenados por meio de suas crenças. Elas ajudam não apenas a organizar esses conhecimentos para recuperá-los com facilidade no futuro, mas também para filtrar novas informações apresentadas. Um viés que influencia em como vamos formar novas crenças e, um dos mais comuns de todos, é o viés de confirmação. Ele é a tendência automática de notar, buscar, valorizar e relembrar mais facilmente coisas que batem com aquilo em que já acreditamos, do que com o que atenta contra as nossas crenças.

Imagine, por exemplo, que um grande amigo de uma pessoa mandou uma mensagem para tal pessoa logo depois de ela ter pensado neste amigo. Então, a resposta é bastante empolgada: "Eu não acredito que você me mandou uma mensagem. Eu estava agorinha mesmo pensando em você! Que absurdo isso! É muita sincronicidade cósmica entre a gente!". Mas antes de essa pessoa ficar tão empolgada com esse aparente elo sobrenatural entre os dois, é bom lembrar que a mente tem fortes propensões a enxergar aquilo que espera ou que quer enxergar. O viés de confirmação poderia facilmente levar as pessoas a preferir as explicações que mexam com elas, que as agradem ou que sejam condizentes com as suas crenças. Esse viés também pode estimular as pessoas a prestar mais atenção nos eventos que forem coerentes com as suas crenças. Então, se você gosta da ideia de existir alguma espécie de influência telepática entre as pessoas, seja lá como isso seria possível, tudo bem, eu entendo, é muito mais agradável, conveniente e até divertido pensar que existe mesmo alguma forma de conexão extraordinária. Mas também pode ser útil analisar algumas coisas antes de chegar a essa conclusão.

Se quem mandou a mensagem for um grande amigo com quem se comunica com frequência, antes de qualquer coisa acontecer, então significa que existe uma grande chance de que, a qualquer momento, vá receber uma mensagem dele. Também já existe logo de início uma grande chance de a pessoa que recebeu a mensagem, em qualquer momento, estar pensando nele. Afinal, este amigo é muito especial para ela e o ser humano costuma pensar mais nessas pessoas do que nas outras. Se esse amigo enviar uma mensagem logo em um dia que os dois estavam combinando de sair, então, na verdade, não seria uma grande surpresa receber uma mensagem dele. Portanto, as chances de isso acontecer e de a pessoa estar pensando em seu amigo durante aquele dia já eram relativamente altas de qualquer forma.

Além disso, havia grandes chances de a pessoa dar mais importância para o momento em que estava pensando no amigo dela, logo antes de receber a mensagem, mas de ignorar todas as outras vezes, possivelmente mais numerosas, em que ela havia pensado nele, e não recebeu uma mensagem. Já é difícil para o cérebro conseguir armazenar de forma completamente rigorosa todas as informações relativas à vida de cada um, o que dirá de todas as informações que percorrem a mente das pessoas em um único dia! O fato é que há uma grande probabilidade de a pessoa ter pensado bem vagamente que precisava falar mais tarde com o amigo dela para combinar de sair, mas depois nem se lembrar direito disso.

Se alguém tentar aplicar essa mesma crença de que os pensamentos podem atrair as coisas em outras dimensões da vida, perceberá que nenhum entregador de aplicativo passará para entregar comida na casa dessa pessoa apenas porque ela estava pensando em pedir comida. Do mesmo modo, ninguém fará um depósito milionário na conta bancária dessa pessoa repentinamente depois de ela pensar em dinheiro ou em como adoraria ser milionária. Mas caso o entregador de aplicativo apareça do nada em sua casa, com cinco promoções do McDonald's, ou um milhão de reais apareça em sua conta, essa pessoa provavelmente já vai ter pensado outras milhares de vezes naquilo sem que esses pensamentos fossem capazes de trazer para ela uma recompensa tão boa quanto essas. Além disso, milhões de pessoas que pensaram na mesma coisa, ou até que pensaram naquilo mais vezes ou com mais intensidade ainda, não terão a mesma sorte.

Muitas pessoas passam fome no mundo, e seria cruel acreditar que elas não estão focando o seu pensamento em comida suficientemente. Talvez elas pensem em comida o dia inteiro e isso não resolve o problema delas. Acreditar que o próprio pensamento tem esse poder todo é um privilégio que apenas pessoas muito favorecidas podem desfrutar, sem se desapontar tanto com essa ideia na prática. De qualquer modo, a vida de muitas dessas pessoas, em grande parte pelo fato de elas terem nascido em uma família com condições melhores, tende a ser mais favorável para elas. Para muitas, não será necessário tanto esforço para ter acesso a uma educação de qualidade, para poder se dedicar aos estudos e, assim, ter melhores condições profissionais e financeiras no futuro ou ter as suas primeiras experiências profissionais. Pensar de forma positiva quando todas as probabilidades estão a seu favor desde o começo pode realmente passar a impressão de que o seu pensamento está fazendo alguma diferença, mas talvez já houvesse uma grande chance de que várias coisas positivas acontecessem independentemente do que estivesse mentalizando.

O viés de confirmação também contribui para que essa ideia nunca pareça errada, já que a tendência a prestar mais atenção e se lembrar mais das vezes em que os pensamentos positivos antecederam eventos positivos, enquanto mal conseguirá se lembrar das tantas outras vezes em que pensou de forma positiva e nada aconteceu, pensou de forma negativa e nada aconteceu ou pensou de forma negativa e algo positivo aconteceu. Provavelmente você já pensou que dificilmente conseguiria algo, mas acabou conseguindo mesmo assim. Aposto que todas as pessoas – *inclusive eu* – também já tiveram momentos de insegurança e negatividade antes de alcançar grande parte de suas conquistas.

Então, se o objetivo for realmente entender qual é a relevância de pensar positivamente, não adianta levar em conta somente os eventos que confirmam crenças, é necessário considerar também os eventos que poderiam mostrar que essa ideia não é tão precisa. Se forçar constantemente a pensar de forma positiva pode ser inclusive prejudicial para pessoas com baixa autoestima, visto que elas terão uma probabilidade maior de eventualmente falhar nisso, de se sentirem menos capazes e, assim, ficarem com a autoestima mais negativa.

Além disso, é importante haver pensamentos negativos nas horas certas e saber ouvir a mensagem que eles podem transmitir. Muitas vezes, o pensamento negativo é apenas uma conclusão sensata sobre algo que está acontecendo. Entretanto, quando se trata de um pensamento negativo mais inflexível, generalista, repetitivo ou irrealista, poderá atrapalhar em vez de ajudar. Os pensamentos negativos não devem servir para a imobilizar as pessoas de agir, nem as tornar fatalistas, mas ignorá-los todas as vezes pode ser um erro também.

Muitas pessoas tentam suprimir pensamentos negativos assim que eles surgem, e acabam caindo em uma cilada cognitiva. O que ocorre é que, ao tentar reprimir um pensamento, alguém pode acabar ativando mais ainda esse pensamento. Esse é o efeito irônico de uma tentativa de supressão do pensamento. Se ao tentar suprimir um pensamento, a pessoa acabar pensando mais ainda nele e ficar irritada, ela pode tentar reprimir mais e ativar mais ainda o pensamento. Quando alguém com o transtorno obsessivo-compulsivo (TOC) começa a se incomodar com pensamentos intrusivos e falha repetidamente em suprimi-los mentalmente, surgem as compulsões, ou seja, comportamentos repetitivos e inflexíveis para tentar controlar tais pensamentos. Se o TOC da pessoa está ligado à segurança de sua casa, ela pode se incomodar tanto com os pensamentos intrusivos de perigo que acaba precisando verificar várias vezes se a porta e as janelas de sua casa estão realmente fechadas. O problema é que essas compulsões podem até dar a impressão de resolver o problema temporariamente, mas o cérebro da pessoa pode concluir que depois disso é necessário um novo patamar de precaução e que, sem verificar excessivamente como da última vez ou mais, a pessoa pode estar se arriscando demais e assim a bola de neve vai aumentando.

Entretanto, se, em vez disso, a pessoa desde o começo tivesse dado maior abertura aos próprios pensamentos negativos, de modo a aceitá-los como uma parte natural da experiência humana, e conseguisse relativizá-los, provavelmente os pensamentos negativos atrapalhariam menos a vida dela. O cérebro é uma máquina de sobrevivência, e é pouco viável imaginar a possibilidade de viver livre de pensamentos negativos. O problema não está no pensamento negativo em si, afinal, é apenas um pensamento. As coisas se complicam quando os pensamentos são vistos como fatos e não como o que realmente são: criações temporárias da mente. Além disso, ter um nível moderado de otimismo e acreditar no seu potencial são coisas realmente saudáveis de se nutrir. Ao antecipar o fracasso e se convencer dele, até mesmo antes de tentar, a motivação naturalmente diminuirá e isso atrapalhará o sucesso da pessoa. Por outro lado, nutrir o viés conhecido como otimismo irrealista pode não ser saudável também, já que ele acaba tornando as pessoas menos conscientes dos riscos que realmente correm, o que pode deixá-las menos precavidas do que deveriam ser.

O viés de confirmação sobe para o nível mais *hardcore* quando uma pessoa desenvolve um delírio, que é caracterizado por crenças inflexíveis e extremamente difíceis de mudar mesmo diante de evidências fortes e que contradizem as crenças. Esse viés é tão forte na presença de um delírio que ele se torna blindado a praticamente qualquer coisa. Não importa de onde venha a informação, se de desconhecidos, de pessoas próximas ou famosas, de cientistas, de autoridades do governo ou ainda de instituições internacionais: ninguém parece capaz de convencê-la sobre a falta de razoabilidade de sua crença. Alguém que vive o transtorno delirante, caracterizado pela permanência de um delírio por ao menos um mês, pode nutrir uma crença incomum e inflexível em torno de um tema, que determinará o tipo de transtorno delirante dessa pessoa.

O tipo erotomaníaco ocorre quando a pessoa – que aqui será chamada de Enzo – tem certeza de que alguém, geralmente uma pessoa famosa, rica ou mais poderosa de alguma forma – no exemplo que desenvolverei, será o Rodrigo Hilbert –, é perdidamente apaixonada por ela. O Rodrigo Hilbert pode não fazer a mínima ideia de quem seja o Enzo, nunca ter se encontrado presencialmente com ele, e mesmo assim o Enzo pode estar convencido sobre a paixão do "homão". A pessoa tem tanta certeza a ponto de até mesmo realizar ações como ligar, enviar e-mails ou mandar presentes para o Rodrigo Hilbert. O filme *Bem me quer, mal me quer*, estrelado pela atriz Audrey Tautou (1976-) – a eterna e maravilhosa Amélie Poulain – retrata uma situação presente na lógica envolvida no tipo erotomaníaco.

O delírio do tipo persecutório envolve a crença de que a pessoa está sendo difamada, perseguida, espionada ou ainda que estão planejando alguma trama secreta contra ela. Acontecimentos banais ou aleatórios podem ser vistos como claras evidências de que ela está sob ameaça. Ações neutras ou levemente negativas de outras pessoas podem ser vistas como maliciosas, mal-intencionadas ou hostis, o que pode levar a pessoa a pleitear ações judiciais contra alguém, que supostamente tentou prejudicá-la, ou à violência física. No filme *Uma mente brilhante*, é possível identificar um pouco dessa manifestação. Embora o personagem principal do filme tenha esquizofrenia (já que se baseia em uma história real), a manifestação dos seus delírios continua sendo uma boa ilustração desse subtipo do transtorno delirante. Também existem outros, como o tipo ciumento, que envolve uma desconfiança excessiva do par romântico, o grandioso, que envolve a crença de que a pessoa tem uma habilidade ou conhecimento fora do normal e o somático, que envolve sensações corporais incomuns como a existência de uma parasita dentro dela ou de ela achar que uma parte do seu corpo não funciona, mesmo que funcione.

Até agora, contei-lhe vários motivos pelos quais você não deveria confiar totalmente na sua percepção, sua atenção, sua memória, sua intuição, sua racionalidade e suas crenças. Elas funcionam muito bem na maioria das situações, mas precisamos ficar atentos porque elas podem nos levar a erros se nos descuidarmos ou ficarmos confiantes demais no nosso próprio taco. Agora é um bom momento para falar da outra parte da história – quero lhe falar sobre os motivos pelos quais você deve confiar em si mesmo, já que somos parte de uma espécie capaz de fazer coisas impressionantes e admiráveis. Nem sempre nos damos tanto crédito pelas nossas qualidades, e nós temos várias das quais deveríamos nos orgulhar.

O potencial de mudar é abundante

Existem bons motivos para criticar os seres humanos, mas uma característica deles que precisamos reconhecer é a sua enorme capacidade de aprender e mudar. Os seres humanos possuem um córtex cerebral avantajado que eleva a capacidade humana de se automonitorar, autoavaliar, planejar ações e desenvolver novas competências a um patamar que, ao que tudo indica, parece nunca ter sido alcançado neste planeta antes de nós. Além disso, as conexões entre os nossos neurônios podem se reorganizar a partir de novos assuntos que dominamos no cotidiano, então toda vez que você aprende algo novo, o seu cérebro pode passar por mudanças físicas e químicas que o transformarão em uma versão levemente diferente de você mesmo. À medida que uma pessoa faz aulas de cavaquinho, por exemplo, essas versões levemente diferentes dela vão se acumulando ao longo do tempo até o ponto de se tornar uma versão capaz de tocar a música "Brasileirinho", de Waldir Azevedo (1923-1980), sem se atrapalhar tanto. Na prática, essa plasticidade cerebral se traduz em uma capacidade de exibir comportamentos altamente flexíveis e adaptáveis, o que ajudou a humanidade a sobreviver nos mais diversos ambientes ocupados ao longo da História.

O ser humano consegue aprender rapidamente, com base em suas experiências cotidianas, de diferentes formas. Porém, duas delas, mais elementares, são associando coisas no ambiente (condicionamento clássico) e observando as consequências das próprias ações (condicionamento instrumental ou operante). A primeira forma de aprender é composta por algo que já provocava espontaneamente uma reação positiva ou negativa na pessoa e algo que não provocava essa mesma reação. Por exemplo, andar um elevador talvez não provoque em uma pessoa nenhuma sensação relevante, na verdade, ela pode até gostar de usá-lo por não precisar subir escadas. Porém, um belo dia essa mesma pessoa entra em um elevador cheio de gente e, durante o deslocamento, ele para de funcionar entre dois andares. Essas situações, que tiram as pessoas do controle ou em que elas acreditam estar em perigo, provocam espontaneamente emoções negativas, como a ansiedade e o medo. Durante o incidente, talvez essa pessoa tenha começado a ficar preocupada, bem suada, além de provavelmente ficar mais angustiada ao perceber a angústia das pessoas à volta dela. Depois de passar um bom tempo esperando, a pessoa finalmente conseguiu sair do elevador. Diante disso, a questão que paira é se essa pessoa ainda seria exatamente a mesma que era, antes de entrar naquele elevador. Ela seria? Talvez não.

Uma única experiência negativa como essa pode ser suficiente para desencadear uma série de mudanças que transformarão aquele indivíduo em uma nova versão que reagirá de forma muito negativa ao elevador a partir daquele ocorrido. Se antes ele se sentia de forma neutra em relação ao elevador, agora o seu cérebro pode ter associado todo o medo daquele dia ao elevador e concluído que, se entrar novamente no elevador, pode vir a passar por tudo aquilo mais uma vez. Essa sensação poderia inclusive extrapolar até mesmo aquela experiência e concluir que quaisquer situações parecidas, que podem ser difícil de abandonar, também são perigosas, por exemplo, estar dentro de um avião, o que faz os sentimentos a respeito de aviões sofrerem possíveis mudanças no futuro. Portanto, algo que já despertava emoções negativas, como estar em uma situação de falta de controle e perigo, ficou associado a algo que não despertava essas emoções, como usar um elevador, e ainda poderia se ampliar para outras coisas relacionadas, como andar de aviões. A partir disso, o cérebro da pessoa pode disparar no futuro o alarme de perigo apenas por precaução e gerar ansiedade mesmo que ela entre em um elevador que não pare de funcionar de novo. Agora, quem está despertando a ansiedade é o próprio elevador, não algum defeito nele.

Uma lógica parecida se manifesta quando há fobia de certos animais, de altura ou de tempestades. As fobias específicas são um tipo de transtorno em que a pessoa exibe um medo desproporcional e persistente de alguma coisa que não apenas a incomoda, mas que também tende a incapacitá-la de viver plenamente a vida em um ou mais sentidos. Todas as pessoas sentem medo de alguma coisa, mas já a fobia específica vai muito além de apenas sentir medo de algo, pois atrapalha a vida da pessoa de uma forma severa. O objeto da fobia pode ser praticamente qualquer coisa e o que mais determina isso são as suas experiências prévias.

Uma pessoa com fobia de cachorros, por exemplo, provavelmente viveu algum evento estressante com cachorros no passado. Antes disso, talvez ela achasse os cachorros muito fofos, até que um certo dia, pisou sem querer no rabo de um cachorro e foi mordida, uma situação que naturalmente faz surgir o medo. A partir desse evento, o cérebro pode associar o cachorro a essa emoção negativa e, no futuro, mesmo que o cachorro fique quietinho, ainda é possível que a pessoa sinta medo e queira evitar qualquer proximidade. Uma das maneiras mais comuns de mudar essas reações é por meio de uma exposição gradual àquilo que provoca o medo. Tentar colocar na prática essa ideia por conta própria pode ser uma aventura emocionante demais para ser vivida e, inclusive, pode piorar a situação. É melhor deixar que um profissional com treinamento e conhecimento ajude pessoas vivendo essas dificuldades e cuide da aplicação dessa e de outras técnicas.

O ser humano também aprende muitas coisas com as consequências de suas ações, sendo que elas podem incentivar (recompensas) ou desincentivar (punições) os indivíduos a fazerem algo, afetando assim as chances de eles se comportarem de novo daquele jeito. Isso acontece tanto na idade adulta, quanto na infância. Por exemplo, eu tenho um sobrinho que é a coisa mais fofa do mundo. Ele se chama Alexandre e tem 2 anos de idade. Na maior parte do tempo, é carinhoso e tranquilo, mas, para o azar de seu pai e de sua mãe, ele já aprendeu que, assim como a maioria dos bebês sabe, consegue controlar os adultos por meio de um berreiro bem-feito. No começo, essa criança pode ter chorado por qualquer razão e imediatamente recebeu o apoio de um dos pais. Em outras palavras, uma ação levou a uma recompensa, o que aumentará as chances do comportamento se repetir. Na falta de alguma maneira mais sofisticada de se comunicar, a criança começou a usar essa estratégia em momentos de desconforto. Existem situações em que esse choro sinaliza que alguma necessidade fisiológica precisa ser suprida, como comer, ou alguma outra emoção mais intensa, mas em outras é apenas o bebê demonstrando insatisfação com algo, como um brinquedo na loja que ele quer, e que os pais não podem comprar.

Os responsáveis pela criança não falharam em socorrê-lo diante dos primeiros choros, afinal eles estavam apenas cuidando corretamente dela. O problema é, mais tarde, saber lidar com um berreiro que o bebê começa no meio de uma loja porque ele quer um certo brinquedo desesperadamente. Muitas pessoas tendem a optar pela solução mais eficiente a curto prazo, ao oferecer o que a criança quer e interromper o choro, ou emprestar o celular para ela assistir Netflix e se distrair. É compreensível, pois o comportamento pode ser constrangedor, até porque às vezes parece que a criança não vai parar de chorar nunca mais. Todos que cuidam de uma criança desejam dar o melhor para ela, mas em situações assim, nem sempre comprar o brinquedo é o melhor a se fazer.

Todos nós precisamos aprender desde cedo a lidar com frustrações e a exercer o nosso autocontrole em situações estressantes como essa. A criança que sempre consegue tudo o que quer dos pais com o choro provavelmente terá menos oportunidades de exercitar a sua capacidade de adiar recompensas (algo que é fundamental na vida, pois nem sempre será possível ter tudo o que queremos). No futuro, quando essa criança aumentar o convívio com outras pessoas e se deparar com situações nas quais os outros não lhe darão o que ela deseja, a sua dificuldade de convivência poderá ser maior. Com os seus pais, a realidade funcionava de um jeito (se eu ajo impulsivamente, consigo o quero), mas ao longo da vida, essas estratégias não vão funcionar tão bem assim com os outros. Então, caso você seja pai ou mãe, certifique-se de que está recompensando os comportamentos que realmente gostaria de ver mais vezes.

Caso uma criança abra o berreiro no meio do shopping porque deseja de qualquer jeito um brinquedo caríssimo, o que poderia ser feito para não recompensar um comportamento inapropriado? O segredo para conseguir evitar esse tipo de coisa está em uma expressão encantada no mundo da aprendizagem: consistência desde o início. Se toda vez em que a criança fizer birra, ela não conseguir o que quer, a tendência é que ela reduza gradativamente esse comportamento. Pode ser necessário tentar explicar por que ela não ganhará a casquinha, pode abraçá-la, pode demonstrar que compreende o sofrimento dela, mas deve sempre evitar reações muito emocionais ou agressivas. O que importa é que a criança entenda de uma forma calma e tranquila que realmente não vai ganhar o que quer naquele momento e que, de fato, não ganhe.

A dificuldade que muitos responsáveis vivem pode ocorrer porque eles somente decidem parar de recompensar o berreiro no shopping, depois que esse comportamento já foi recompensado várias vezes. A essa altura, o cérebro da criança assimilou que, caso sustente o choro por tempo o suficiente, existe uma grande chance de ela conseguir o que deseja. Por isso, o ideal é garantir de forma consistente que os comportamentos inadequados terão consequências não recompensadoras e que comportamentos adequados serão seguidos de recompensas.

Esse mesmo princípio de aprendizagem é o que adestradores usam para ensinar cachorros a fazer algo – recompensando cada comportamento do animal que se aproxime minimamente do comportamento que ele quer ensinar – e ele é também uma das coisas que torna o uso de certas substâncias tão perigoso. Isso acontece porque o consumo de substâncias como a cocaína pode gerar uma grande sensação de prazer (com outras reações não tão prazerosas). Entretanto, esse prazer funciona como uma recompensa superturbinada, que aumenta assim a probabilidade de a pessoa consumir novamente a substância e, aos poucos, desenvolver uma dependência.

É claro que nem sempre os seres humanos mudam com facilidade. A necessidade de preservar uma autoestima positiva, por exemplo, pode limitar severamente a capacidade de alguém perceber que está errado ou que seria vantajoso alterar algum dos seus comportamentos. Muitas pessoas persistem por anos nos mesmos erros e não mudam, por mais que isso as prejudique. A personalidade de um indivíduo também pode ser bem inflexível e alguns dos casos mais extremos podem ser observados em pessoas vivendo algum transtorno da personalidade. Mas dizer que alguém não pode mudar o seu jeito de ser é nada mais nada menos do que uma previsão do futuro que sempre está prestes a fracassar. Às vezes, basta a pessoa ter um *insight*, um auxílio externo ou um incentivo adequado para que ela comece a se comportar de outra forma. Sair de um ambiente, interromper o convívio com certas pessoas ou passar a conviver com outras que tratem a pessoa com respeito e carinho pode ser o suficiente para que coisas incríveis comecem a acontecer. O desafio é descobrir quais são as melhores formas de estimular o desenvolvimento pessoal de uma determinada pessoa, porque todos sempre têm potencial de se transformarem.

O potencial de criar é abundante

Se tem uma coisa que seres humanos já provaram inúmeras vezes é que o seu cérebro é capaz de criar coisas revolucionárias, como prédios gigantescos, transportes que voam, internet, nanorrobôs e tantas outras coisas que soariam como bruxaria ou loucura poucas centenas de anos atrás. Embora o potencial criativo de cada pessoa seja grande, a capacidade humana de inovar sobe para um novo patamar quando a inovação é feita de forma coletiva e progressiva ao longo de vários anos, como acontece na ciência e nas artes. Esse processo de acumulação cultural é bem único entre as espécies do planeta Terra e responde por muitas das tecnologias mais avançadas que o ser humano já desenvolveu. O que seres humanos são capazes de criar quando juntam o poder de suas mentes ao longo de várias gerações não tem limites conhecidos. Nós já tornamos possíveis muitas coisas que pareciam impossíveis, graças à nossa criatividade. Ela é a capacidade de criar ideias, objetos ou soluções inovadoras e úteis. Algumas pessoas são espontaneamente mais criativas do que outras, mas todos têm o potencial criativo dentro de si e ele pode inclusive ser estimulado de diferentes formas. O quê? Você gostaria de ser mais criativo? Conheço algumas dicas sensacionais que podem ajudar você no desenvolvimento da sua criatividade.

Para começar, é preciso garantir que haja uma boa quantidade de conhecimento sobre a área em que há o desejo de inovar. Isso é importante porque, em primeiro lugar, a humanidade já acumulou muito conhecimento nas mais diversas áreas, fazendo as próximas grandes inovações serem cada vez mais dependentes do conhecimento mais recente. Tentar reinventar a roda a essa altura do campeonato pode ser uma perda de tempo. Por exemplo, aquele tio, que toda família tem, e que acha que teve um grande *insight* sobre física quântica, mas que nunca estudou física para valer, provavelmente vai acabar pensando em algo não tão útil assim. A ideia dele provavelmente vai desconsiderar muitas coisas que já são bem conhecidas e que, caso ele soubesse, nem teria dado tanta bola para a ideia amadora que teve. Em segundo lugar, fica um pouco difícil esperar um momento repentino de "Eureca!" quando não se conhece muito sobre um assunto, já que o cérebro humano depende dos conhecimentos disponíveis na memória para, então, poder misturar ideias, identificar padrões ou fazer comparações.

Além disso, outra coisa que pode ajudar é conhecer muito sobre outras áreas e assuntos também. Inovações podem ocorrer quando se observa uma ideia ou forma de pensar desenvolvida em um campo, às vezes muito distante, e a aplica ao problema que se quer resolver. Por isso, a interdisciplinaridade é um dos melhores amigos da pessoa criativa.

Uma forma de ter uma base maior ainda de conhecimento em que o seu cérebro poderá mergulhar em busca de inspiração é por meio de novas experiência. Para decidir que tipos de experiência você deveria ter, procure um espelho, olhe para o seu reflexo e se pergunte: "O que seria legal fazer e que eu nunca fiz?". Minhas sugestões são as seguintes: faça uma viagem para um lugar que você ache interessante, comece a aprender um novo idioma, aprenda a tocar um instrumento musical ou comece a realizar um novo esporte. Expondo-se a novos contextos, você vai acabar aprendendo coisas novas com pessoas novas e isso tudo se somará ao seu repositório de conhecimentos, que é tão importante para inovar.

Se travar no processo criativo, aceite isso e pause por algum tempo. É natural que a inspiração não venha sempre e quanto mais aceitar isso como parte do processo criativo, menos frustração haverá. Estressar-se com a falta de progresso pode tornar a sua experiência de travar cada vez mais negativa e, como deve ter percebido, esse é mais um ciclo improdutivo em que você não deseja se envolver – vai por mim. Mais do que isso, durante a pausa, a parte geralmente não consciente da mente, o tal do processamento do tipo 1 ou intuição, pode continuar testando associações por detrás das cortinas. Em partes, talvez seja por isso que, às vezes, as pessoas dormem com um problema e acordam com uma solução – ou pelo menos com mais facilidade para encontrá-la. Isso apresenta, então, mais uma dica importante, que é a de dormir bem. A consolidação das memórias ocorre principalmente durante o sono, o que permite que os aprendizados mais recentes se associem melhor aos conhecimentos prévios. Esse cenário contribuirá para a expansão da base de conhecimentos da pessoa.

A criatividade demanda tolerância a riscos e capacidade de aprender com os próprios erros. Muitas das grandes pessoas que inovaram na humanidade somente puderam chegar às suas importantes façanhas depois de uma grande sequência de falhas. Um dos exemplos mais famosos é o de Thomas Edison (1847-1931) que, antes de aperfeiçoar um modelo de lâmpada viável para comercialização, precisou criar milhares de protótipos malsucedidos. Esse exemplo desconstrói um pouco o estereótipo da pessoa criativa que de repente tem uma inspiração genial vinda praticamente de outra dimensão. Sem dúvida, Thomas Edison foi um homem inspirado, mas também foi um homem esforçado e, sem isso, ele dificilmente chegaria à solução que chegou. Por isso, é importante não desistir logo na primeira, segunda ou terceira tentativa de criar algo. Busque analisar os erros, pensar em uma outra solução e testá-la. Se o resultado não for satisfatório, reinicie o processo.

A criatividade costuma envolver dois tipos de pensamento que podem ajudá-lo a chegar a uma ideia inicial. Primeiro, você deve pensar em várias alternativas de solução para um problema (pensamento divergente). Depois você precisa organizar essas ideias, compará-las com cuidado e selecionar as mais promissoras para se dedicar mais no desenvolvimento delas (pensamento convergente). A partir daí, você deve usar o bom e velho método da tentativa e erro e ir aprimorando aos poucos essa solução, até que ela satisfaça o objetivo que você tinha em mente.

O tédio tem uma má reputação hoje em dia, mas ele pode ser uma forma muito acessível de estimular a sua criatividade, visto que consiste simplesmente em... não fazer nada. Muita gente costuma fazer mil coisas ao mesmo tempo, o que significa que a mente delas pode estar muito focada em certas atividades e, por isso, pode ser complicado explorar ideias e combiná-las de formas inovadoras. Além disso, o estresse também é um inimigo da criatividade. Quando o ritmo diminui e há tempo para não fazer nada, são criadas as condições que favorecem os devaneios.

Devanear permite que a pessoa preste mais atenção em seu fluxo de pensamento e, caso ela esteja tentando muito resolver um problema, pode ser exatamente em um momento de relaxamento, distração e foco interno que a percepção das ideias, que circulavam pela mente, fica mais nítida e que, por isso, pode dar pistas de como resolver um problema. Difícil saber quantas inúmeras vezes uma pessoa teve seus momentos de "Eureca!" exatamente assim, quando não estava tentando resolver algo, apenas deixando a mente brincar espontaneamente com as ideias e observando o que aparecia – *eu mesmo já tive vários momentos assim, e você?*

Quando alguém tenta inovar, é importante buscar a quebra de barreiras, estabelecer novos patamares em um determinado campo, mas sempre tentar fazer isso por meio de ideias que não sejam excessivamente familiares ou novas. Se for muito familiar com algo que já existe, pode não ficar tão evidente o que está sendo apresentado de novo. Se você tentar inovar de uma forma muito radical, aumentam as chances de as pessoas não acompanharem o seu raciocínio ou que a sua solução não seja tão boa assim quanto possa parecer. Tentar reinventar a roda tem um risco maior de dar errado, já que você pode ter achado que a sua solução é tão boa porque está desconsiderando conhecimentos já muito bem estabelecidos.

Para algumas pessoas, a criatividade pode parecer aquela faísca misteriosa que surge apenas durante certos momentos de brilhantismo solitário, porém, ser criativo sozinho pode ser mais difícil. Ao tentar desenvolver algo inovador que leve em conta apenas o próprio pensamento para avaliar a qualidade das ideias, é possível ficar muito acostumado com elas e julgá-las de forma mais positiva do que elas realmente são. Caso seja uma pessoa muito autocrítica, pode acontecer o contrário também. O que pode ocorrer é ser excessivamente severo com as próprias ideias e não valorizar aquelas que tinham um bom potencial.

Quem alguma vez já escreveu um texto, revisou-o várias vezes e depois pediu para alguém ler, deve ter notado que muitos erros passaram despercebidos. Essa situação é totalmente normal e mostra como a capacidade criativa pode ser expandida rapidamente quando entra em contato com outras mentes. Ter uma ou mais pessoas de confiança para ajudar a desenvolver uma ideia pode ser uma boa maneira de organizá-la melhor, acelerar o processo de desenvolvimento ou até mesmo de melhorá-la. Claro que, para ser realmente proveitoso, é necessário ouvir as críticas sem entrar naquele modo defensivo que surge quando há uma ameaça à autoestima. Depois de dedicar tanto tempo ao desenvolvimento de uma ideia e finalmente pensar que ela ficou boa, pode ser incômodo ouvir alguém discordar. Talvez a sensação seja quase como se a crítica fosse pessoal, à competência da pessoa, e não apenas à ideia dela.

Para lidar com a dissonância cognitiva gerada por uma crítica, as pessoas têm o impulso de justificar os erros, permanecer muito presas à ideia inicial, desqualificar a competência ou as intenções de quem criticou a ideia e ter dificuldade para levar em conta um *feedback* muito útil. A humildade é uma característica importante para amplificar a capacidade criativa, porque ela ajuda a perceber de maneira mais racional os problemas apontados por alguém em uma ideia e aprimorá-la.

O potencial de superar dificuldades é abundante

A vida de um ser humano é repleta de altos e baixos. O aprendizado de como as coisas funcionam é realizado por meio de desafios cotidianos ou por experiências potencialmente traumáticas. As experiências são "potencialmente traumáticas" porque um mesmo evento pode ser traumático para uma pessoa e não para outra. Apesar de as pessoas divergirem nesse quesito, de um modo geral, o ser humano é uma espécie muito resiliente. Esse aspecto envolve conseguir se adaptar a adversidades e crescer a partir delas. Quanto mais resiliente, mais o ser humano se torna capaz de passar por experiências negativas sem que elas o derrube completamente. Esse potencial dos seres humanos de superar obstáculos é abundante, visto que a resiliência envolve pensamentos e comportamentos que qualquer um pode exercitar e se aprimorar com o tempo. Para fortalecer mais ainda esse escudo psicológico contra o estresse, é possível melhorar principalmente três aspectos: relacionamentos, bem-estar e sentido na vida.

Quando alguém se encontra em momentos de grande dificuldade, é importante que busque suporte naquelas pessoas que gostam dela, que se preocupam com o seu bem-estar, que conseguem validar os seus sentimentos e que oferecem apoio de forma genuína. Poder contar com relacionamentos desse tipo pode ser um dos principais fatores que determinam a resiliência de alguém. Muitos exibem o impulso de querer se isolar em momentos como esse, mas geralmente deixar o orgulho de lado e aceitar a ajuda dos outros pode fazer muito bem. Entrar em algum grupo local, que desenvolva atividades que interessam a pessoa, também pode favorecer à resiliência. Talvez um grupo voluntário que atenda pessoas em situação de vulnerabilidade, um grupo de leitura ou um grupo de jogos que permita à pessoa formar novos relacionamentos que poderão servir de suporte para ela no futuro.

O bem-estar é um fator de proteção contra os efeitos negativos do estresse e, para maximizá-lo, é importante adotar hábitos mais saudáveis. Isso significa garantir uma alimentação adequada, uma boa qualidade de sono, a realização de atividades físicas regulares e uma boa hidratação. Evitar o consumo de álcool e outras drogas para lidar com emoções negativas também é uma ótima ideia. Afinal, não é interessante incentivar o cérebro a repetir uma estratégia de regulação das emoções tão pouco saudável toda vez que algo der errado, não é mesmo? Praticar atividades como a atenção plena, mais conhecida como *mindfulness,* também pode estimular o bem-estar. Essa meditação ajuda a direcionar o foco do pensamento no presente e a lidar de maneira mais racional com acontecimentos negativos.

Além disso, procure ficar atento aos padrões de pensamento muito rígidos que talvez o estejam nutrindo sobre algo ruim que aconteceu. É impossível voltar no tempo e alterar um acontecimento negativo, mas sempre existe a possibilidade de você mudar como enxerga e reage a ele no presente. É comum que vítimas de situações traumáticas incorram em uma ou mais distorções cognitivas. Elas são formas de pensar nas quais a pessoa apresenta algum viés de interpretação que a faz se sentir mal ou agir de uma forma prejudicial para si mesma. Uma dessas distorções é a super generalização. Ela ocorre a partir de um único evento negativo, em que a pessoa chega a uma conclusão generalizada e rígida. Se um indivíduo desenvolveu um relacionamento abusivo durante o casamento, se houver um rompimento, ele pode concluir e generalizar, com o fim do relacionamento, que nunca mais será amado por outra pessoa ou que nunca será feliz em um relacionamento. Já a personalização ocorre quando alguém atribui uma culpa desproporcional a si mesmo por causa de algum evento negativo. Ainda aproveitando o exemplo anterior, após o divórcio, a pessoa poderia concluir que a culpa foi totalmente dela, mesmo que a outra pessoa também tenha contribuído tanto quanto ela ou até mais para que o relacionamento terminasse.

Também contribui para o bem-estar dos indivíduos aprender a aceitar o fato de que mudanças são uma parte inerente à vida humana e que é mais produtivo focar nas coisas que podem ser mudadas atualmente. Direcionar a atenção para o que não pode ser mudado, como os eventos do passado, costuma contribuir para mais ruminação mental e sofrimento. Portanto, ser resiliente não significa deixar de sofrer com situações ruins ou ser apático, mas, sim, aprender a lidar melhor com elas. O processo de fortalecimento da resiliência costuma inclusive envolver um nível considerável de desconforto. Sempre que puder, é importante buscar o aprimoramento da resiliência seguindo essas dicas que eu dei, visto que isso pode ajudar você a encarar melhor todos os obstáculos que podem ser colocados à sua frente.

O potencial de ver sentido na vida é abundante

Mesmo com todos os problemas presentes na sociedade e com todas as dificuldades que as pessoas costumam viver ao longo da vida, a espécie humana parece ter um talento especial para enxergar sentido na vida. Essa é uma propensão abundante, já que, diferentemente do que alguns pensadores existencialistas assumiam, a maioria das pessoas relata níveis altos de sentido na vida. Esse sentido costuma ser extraído principalmente dos relacionamentos, das visões de mundo ou de alguma outra coisa importante na vida da pessoa, tal como um esporte ao qual se dedique e ame.

Embora muitas pessoas busquem alguma religião como fonte de sentido na vida, vale reforçar que qualquer visão de mundo poderia também satisfazer essa necessidade. A filosofia, a literatura, as artes ou a ciência também ajudam na hora de enxergar ordem, lógica e significado na vida. Obviamente que esse fato não exclui o mérito da religião de fornecer algo valioso para muitas pessoas, na verdade, somente ajuda a entender que o sentido na vida não é monopolizado por ela.

Algumas formas de estimular o sentido na vida são ajudar pessoas, ser mais proativo com a sua vida e progredir constantemente em direção às suas metas. Você pode averiguar se existe alguma instituição na sua região necessitando de voluntários e que desenvolva um trabalho com que valha a pena se envolver. Estar envolvido com atividades que possuem um propósito claro, válido e coerente com os seus valores, tal como o trabalho voluntário desenvolvido por alguma ONG, vai fortalecer a sua percepção de que as suas ações servem a um propósito maior e são valiosas.

Para ser mais proativo em relação a algum problema atual, pare de postergar o início de sua resolução e verifique o que pode começar a fazer agora mesmo para lidar com isso. Talvez você conclua que vai ser muito trabalhoso fazer tudo o que é necessário. Nesse caso, pegue uma folha de papel e separe tudo o que precisa ser feito em tarefas bem menores, até que consiga perceber uma tarefa inicial que realmente possa ser feita sem maiores problemas imediatamente. Aí é só fazê-la e seguir fazendo as outras depois.

Também lhe trará mais sentido na vida progredir e acompanhar o seu progresso em direção ao seu "eu ideal". Em que direção você gostaria de seguir na sua vida? Estabeleça quais são as metas mais importantes que gostaria de alcançar e faça todo dia alguma coisa que o aproxime do alcance dessas metas. Mesmo que você faça algo muito simples ou pequeno todo dia, só de o seu cérebro constatar que você está sempre se aproximando de coisas importantes para você, já poderá ajudá-lo a sentir que a sua vida está sendo guiada por propósitos relevantes.

O potencial para a humildade é abundante

Poucos são aqueles que conseguirão enganá-lo tão bem quanto você mesmo. Entretanto, tomar consciência da própria inclinação ao autoengano pode ser um dos primeiros passos para virar o jogo a seu favor. A confiança excessiva de um indivíduo em si mesmo pode torná-lo mais suscetível a cometer erros, enquanto a desconfiança excessiva pode levá-lo à autossabotagem. O ideal é manter uma visão mais equilibrada sobre si mesmo – e isso tem a ver com a famosa humildade.

A humildade se refere ao quanto alguém consegue se perceber de maneira precisa. Além disso, ela também expressa o quanto essa pessoa leva em conta o bem-estar dos outros quando interage com eles, em oposição a se centrar apenas no próprio bem-estar.

Desse modo, pessoas mais humildes conseguem perceber de forma mais realista as próprias limitações, têm a mente mais abertas a novas ideias, costumam tratar os outros com mais respeito e são mais capazes de buscar a conciliação depois de uma situação conflituosa. A maioria das pessoas – *inclusive eu e provavelmente você* – tende a gostar mais das pessoas que consideram ser humildes do que das arrogantes ou orgulhosas. Isso pode ocorrer porque, na prática, a humildade sinaliza para os outros que a pessoa é mais acessível, amigável e confiável. Quem é mais humilde, além de ser mais cobiçado no mundo das amizades, tende a ser mais saudável fisicamente, mentalmente e a se sentir mais satisfeito com a própria vida. O jeito mais leve de interagir com os outros acaba funcionando como uma proteção contra o estresse, visto que pessoas menos humildes podem ter mais dificuldades de reconhecer os erros, lidar com as críticas, ideias diferentes ou encerrar os conflitos com os outros.

Assim como a aprendizagem, a criatividade, a resiliência e o sentido na vida, a humildade pode ser exercitada e se tornar mais fácil toda vez que o orgulho arrogante é deixado de lado, ou ao abrir mão das próprias necessidades em detrimento das necessidades dos outros ou ao admitir os próprios erros. Há quem se sinta humilhado ao praticar a humildade perante a alguém, mas conforme você for praticando, é possível perceber que as pessoas não julgam tão negativamente os outros por terem cometido um erro e terem admitido o deslize. Pelo contrário, elas poderão lhe admirar mais ainda por você demonstrar vulnerabilidade, algo que costuma ser difícil para muita gente, e boa capacidade de autoavaliação (duas características muito úteis em relacionamentos). Elas poderão julgá-lo de forma muito mais negativa caso você erre e ainda tente defender o próprio erro, o que confirmará ainda mais a sua dificuldade em se autoavaliar de forma realista.

Espero que essas coisas que eu falei o tenham motivado a perceber pontos nos quais você deve ficar mais atento, deve sentir maior autoconfiança ou aprimorar. O automonitoramento é uma habilidade extremamente valiosa para nos desenvolvermos, e os conhecimentos que compartilhei talvez o estimulem a se tornar alguém mais atento a si mesmo. É importante buscar sempre um equilíbrio nas coisas, então tome cuidado para o automonitoramento não vir acompanhado de uma autocrítica elevada e rígida. A autocrítica pode ser saudável se nos ajudar a perceber erros e repensar as nossas crenças à luz de novas informações; mas, em excesso, ela nos desmotiva, enfraquece a nossa criatividade, dificulta os nossos relacionamentos e deixa a nossa vida mais "cinza". Você pode e deve confiar em si mesmo para alcançar os seus objetivos e ser alguém feliz, só cuidado para não confiar em excesso ou de forma irrealista.

CAPÍTULO 5

Como tornar os seres humanos mais felizes?

Resposta breve: os bons relacionamentos, a sensação de controle sobre a própria vida, a autoestima positiva, a compreensão da realidade, o sentido na vida e outras coisas.

Resposta detalhada: a espécie humana possui necessidades básicas ligadas a toda uma história evolutiva que antecede até mesmo o surgimento do ser humano moderno. Nossos cérebros tendem a funcionar da maneira ideal quando tais necessidades estão relativamente bem satisfeitas. Se falhamos prolongadamente ou agudamente na satisfação de uma ou mais delas, o trem da nossa saúde mental começa a descarrilhar.

Quando alguém se encontra em uma situação de sofrimento, vulnerabilidade, desamparo ou incapacitação intensa, pode ser complicado enxergar o que há de tão especial em ser um humano. Pode parecer que a vida não faz sentido. Entretanto, pessoas com uma vida mais harmoniosa, feliz e significativa dificilmente vão se questionar sobre esse tipo de coisa ou farão tal questionamento sem que ele gere um grande desconforto. Quando está tudo bem, tudo faz mais sentido. As crises existenciais acertam as pessoas em cheio quando elas não se sentem amadas, livres, competentes, esclarecidas ou realizadas o suficiente na própria vida – e isso faz todo sentido! Lembra do que eu falei sobre a principal função das emoções negativas? Elas nos alertam para algo nas nossa vida que não anda muito bem e que merece uma maior atenção nossa. Então, se tem algo de muito errado na sua vida e você se sente mal por isso, está tudo acontecendo como seria esperado.

Falhar de forma intensa em satisfazer as necessidades psicológicas básicas pode doer e desmotivar bastante. Isso acontece não por fraqueza, mas, sim, porque o ser humano é desse jeito. O cérebro é uma máquina de sobrevivência que tenta ajudar o ser humano em sua adaptação ao meio e se comunica por meio de emoções, pensamentos e reações corporais. Às vezes, essa comunicação se parece mais com um telefone sem fio, de muitos participantes, em que o que chega até o ouvido não parece ser uma mensagem tão clara. Entretanto, apesar disso, nem sempre as pessoas têm o conhecimento necessário ou pelo menos se esforçam o suficiente para entender o que está sendo transmitido. De qualquer maneira, fica mais fácil se sentir bem quando o cérebro é um parceiro, quando a pessoa está atenta aos sinais dele e não o deixa em segundo plano em detrimento de demandas externas. Embora o corpo seja uma das coisas mais importantes que possa existir em cada ser humano, frequentemente ele é tratado com negligência e, assim, o preço a pagar por isso pode ser bem alto.

Os segredos da felicidade

Pessoas felizes costumam ter mais amigos, relacionamentos melhores, sentir mais controle sobre a própria vida, ter a autoestima mais positiva, ver mais sentido na vida, ser mais benevolentes, extrovertidas, criativas, resilientes e ter mais sucesso no trabalho. A felicidade também se relaciona com um sistema imunológico melhor, uma saúde cardiovascular melhor, hábitos mais saudáveis, os quais envolvem coisas tão variadas quanto usar filtro solar, praticar atividades físicas regulares e usar cinto de segurança, além de uma longevidade. Por outro lado, é bem comum que a falta de coisas como saúde, renda e relacionamentos de qualidade torne as pessoas mais infelizes.

Embora tudo isso seja parecido entre as pessoas de diferentes culturas, alguns fatores podem pesar mais em algumas sociedades do que em outras. Por exemplo, a autoestima positiva pode influenciar mais na felicidade de pessoas que vivem em sociedades individualistas, em que a autonomia e a independência de cada pessoa são mais valorizadas, enquanto os relacionamentos podem impactar mais as pessoas em sociedades coletivistas, nas quais a vida em grupo e a cooperação são mais valorizadas. Além disso, as sociedades mais felizes tendem a ser aquelas nas quais existe uma economia mais desenvolvida, um respeito maior pelos direitos humanos, pela liberdade, um índice menor de corrupção e mais ambientes naturais preservados.

Um lugar, onde muitas dessas coisas são encontradas, infelizmente não é no Brasil, mas, sim, na Finlândia. Não por acaso em março de 2020, o Relatório Mundial da Felicidade indicou que esse é o país mais feliz do mundo – ele também já tinha ficado em primeiro lugar em anos anteriores. Em termos de cidades, a capital do país, Helsinki, ficou em primeiro lugar no *ranking* de cidades mais felizes, enquanto a cidade brasileira com o maior índice foi São Paulo, que ocupou o não tão feliz 53º lugar. Talvez essa fama brasileira de ser o "país da alegria" oculte uma realidade muito menos divertida sobre o Brasil, visto que o pessoal dos países nórdicos e de outros lugares do mundo contam com condições muito mais favoráveis para que as suas populações aproveitem a vida. Problemas crônicos no Brasil, tais como a desigualdade e os grandes esquemas de corrupção podem desfavorecer o potencial da população brasileira de desfrutar dessa experiência tão impactante que é a felicidade. Isso tanto é verdade que o Brasil é o país com a maior incidência de transtornos de ansiedade no mundo – sim, no mundo inteiro – e o segundo quanto a transtornos depressivos. Talvez o mais correto fosse considerar o Brasil o "país da ansiedade".

Existem coisas que podem feitas no nível individual com o objetivo de preservar e estimular a própria felicidade, mesmo que você esteja em um meio desfavorável. A primeira é garantir que as necessidades básicas estejam supridas – como citado anteriormente. Ter um emprego não garante a felicidade, mas estar desempregado garante a infelicidade. O dinheiro tem um impacto grande na felicidade, especialmente para poder comer, ter onde morar e o mínimo de conforto. A partir daí, ter mais dinheiro não se traduz em mais felicidade na mesma proporção, e outras coisas se tornam mais importantes. Uma vez que as necessidades biológicas básicas estejam bem cuidadas, falta garantir que as necessidades psicológicas básicas sejam atendidas. Desenvolver e desfrutar de bons relacionamentos é um dos maiores truques para satisfazer a necessidade de vínculo e ser alguém mais feliz. Algumas pessoas já se sentem satisfeitas com poucas amizades de qualidade, outras se sentem melhor com um número maior. Mas o que realmente importa é se sentir bem com os relacionamentos que tem.

Os relacionamentos podem ajudar as pessoas a usarem outro truque para maximizar a felicidade: nutrir e expressar a gratidão. Relacionamentos bons se constroem na base de elementos como confiança, cooperação, empatia, intimidade e convivência. É natural que as pessoas apoiem e sejam apoiados por amigos e amigas, familiares e parceiros românticos em diferentes momentos da vida. Desse modo, se há algum sentimento de gratidão por essas pessoas, é importante não perder nenhuma oportunidade de expressá-la! Afinal, esse gesto não somente fará bem para quem se manifesta, como também para uma pessoa que recebe. Uma parte considerável da felicidade que o ser humano sente está relacionada ao sentido que enxergam na vida. Portanto, todas aquelas dicas sobre como maximizar o sentido na vida vão contribuir também para se sentir feliz.

Um dos obstáculos que seres humanos enfrentam para se sentirem mais felizes é que muitos apresentam noções idealizadas do que realmente influenciará em sua felicidade. Alguns nutrem a ideia de que um único evento ou alguns eventos específicos serão responsáveis por elevar de forma duradoura o nível de felicidade. Pode ser um casamento, o nascimento de um bebê, um diploma, um concurso público ou um apartamento dos sonhos. Muitos desses eventos fazem parte de um plano perfeito para ter uma vida feliz, que é ensinado a muitas pessoas desde cedo. Se depois de passar por tudo isso a pessoa ainda não se sentir feliz para sempre, como acontece com muitos, ela pode ficar confusa. A vida de todo mundo sempre terá seus altos e baixos e atender às expectativas sociais de como é preciso viver a vida não garante que os problemas estarão resolvidos ou que a felicidade será eterna. A vida é como um jogo de videogame que nunca pode ser zerado.

As pessoas não costumam ser muito boas em prever como elas vão se sentir depois de viverem experiências muito positivas ou negativas. Muita gente prevê que, ao viver uma experiência muito positiva, como adquirir um apartamento maravilhoso, se sentirá mais feliz e por muito tempo. Algo semelhante também acontece quanto a experiências muito negativas. As pessoas imaginam que vão ficar muito mal e por muito tempo depois de sofrer um acidente grave, por exemplo. Mas, na realidade, o que costuma acontecer é algo conhecido como adaptação hedônica, em que as pessoas, depois de viverem uma experiência intensa (positiva ou negativa), tendem a retornar ao estado de felicidade anterior a essa experiência.

É claro que, logo depois de comprar um apartamento dos sonhos, a pessoa vai ficar empolgada e feliz por algum tempo e que, após sofrer um acidente grave que pode ser uma experiência traumática, a pessoa fique para baixo por algum tempo também. Mas, conforme o tempo passa, a tendência de muitas pessoas é a de se acostumar com as coisas boas ou ruins e continuar sendo influenciada pelas coisas positivas ou negativas que ocorrerem em sua vida, o que impossibilita a vivência de uma felicidade ou infelicidade sem fim. Essa é mais uma das razões pelas quais pode existir a sensação de que as pessoas nunca estão totalmente satisfeitas com a vida. Isso porque quando alguém alcança uma conquista, há um pico de felicidade que tenderá a retornar para a linha de base anterior. Então, não demorará muito até estar motivado a perseguir outra meta e passar por esse mesmo ciclo novamente. Claro que existem exceções a essa tendência quando se trata de experiências negativas, já que viver algo traumático, como sofrer algum tipo de violência, por exemplo, pode reduzir o nível de felicidade da pessoa por um longo período.

Talvez isso soe desanimador para algumas pessoas: se nada garante que eu finalmente vou "ser feliz" de verdade e para sempre, então qual é o ponto em ficar se esforçando tanto? Não existe uma "felicidade verdadeira" que, uma vez iniciada, não termine (essa é, na verdade, a "felicidade fictícia" e irrealista). A felicidade é algo que extraímos a partir das nossas experiências cotidianas, da nossa convivência com pessoas que nos fazem bem e do trabalho significativo que desenvolvemos. Ela também está presente nas vivências de prazer e significado que desfrutamos toda vez que escutamos músicas de uma banda muito boa como o Led Zeppelin, maratonamos uma série fantástica como *Breaking Bad*, criamos um meme divertido com base em alguma foto do Harold "disfarça a dor" ou viajamos com uma pessoa querida para um lugar maravilhoso como Arraial do Cabo. A felicidade é algo muito menos hollywoodiano do que nos foi ensinado e podemos alcançá-la momentaneamente diversas vezes ao longo da vida, mas nunca definitivamente.

A felicidade pode ser encontrada nos grandes acontecimentos que a sociedade espera das pessoas, como se casar, ter filhos ou conseguir um ótimo emprego. Se essa felicidade ampliada tiver um dia certo para acabar, não impede ninguém de encontrar novos motivos para se alegrar e construir uma vida composta por vários momentos prazerosos e significativos. Sem momentos tristes, os momentos felizes não teriam o mesmo valor que têm, assim como as pessoas somente apreciam de verdade o valor de ter uma lanterna quando a luz do prédio acaba. A alternância entre momentos positivos e negativos é parte inerente de qualquer vida feliz, porque permite aos indivíduos reconhecer o valor das coisas, desfrutar delas com mais intensidade e persegui-las novamente depois que se acabam.

A felicidade pode ser um sinal de que o organismo está em equilíbrio quanto às diferentes necessidades que ele possui, mas não é possível se sentir feliz o tempo todo. É difícil satisfazer e conciliar todas as necessidades simultaneamente, pois satisfazer algumas delas pode dificultar a realização completa de outras em um determinado momento. Além disso, a realidade está sempre mudando e os eventos não têm nenhuma obrigação de agradar ninguém. As pessoas mais felizes do mundo também oscilam a sua felicidade ao longo dos dias, semanas, meses e anos, sendo que algumas fases podem ser melhores e outras, certamente piores.

Apesar de geralmente ser a queridinha das experiências, a felicidade também pode ter um lado obscuro do qual nem sempre as pessoas falam. Sentir-se feliz envolve tanto passar por mais emoções positivas quanto por menos emoções negativas. Uma pessoa em estado de extrema felicidade pode ter dificuldade de sentir emoções negativas como o medo, por exemplo. Porém, por mais desagradáveis que possam ser, essas emoções negativas são bastante úteis para a proteção de cada indivíduo. Desse modo, a ausência delas pode tornar uma pessoa mais impulsiva, o que, por sua vez, aumentará as chances de ela realizar comportamentos de risco como abusar de substâncias, comer sem pensar no amanhã ou dirigir de forma imprudente.

Um exemplo que ilustra bem situações assim pode ser observado quando alguém vivencia um episódio maníaco, por exemplo, que é conhecido também como mania – um dos sintomas básicos do transtorno bipolar junto dos episódios depressivos. Essa pessoa, quando em um episódio maníaco, apresenta um humor positivo elevado e persistente durante alguns dias. No início, até pode parecer uma experiência divertida, mas o problema é que essas pessoas têm uma chance muito maior de negligenciar riscos e sofrer prejuízos graves, às vezes irreversíveis, no trabalho, nos relacionamentos e na própria saúde em consequência disso. Portanto, sim, é possível ser feliz em excesso e isso pode chegar a tal ponto que, depois, somente restará a tristeza para lidar com tais derrapadas comportamentais.

Muitas pessoas provavelmente já interagiram com alguém que as fizesse sentir como se estar feliz fosse uma obrigação. *Eu já e costumo achar bem chato!* Se uma pessoa não está feliz e conta isso para um amigo, ele pode rapidamente tentar fazer algo para tentar animá-la, como mandar aquela figurinha no WhatsApp que a faz rir. Se a pessoa começar a chorar, ele pode falar algo como: "Chora não, vai ficar tudo bem!". Parece que as emoções negativas não andam sendo muito bem-vindas entre os seres humanos, pois elas costumam deixá-los desconcertados. Toda essa pressão para ser feliz pode levar a algumas consequências negativas.

Essa pressão se manifesta de tantas formas, a ponto de haver em livrarias e na internet inúmeros "gurus" do crescimento pessoal tentando convencer as pessoas de que existem formas supersimples de ser feliz e de resolver todos os problemas. O lado bom nisso é que eles podem motivar as pessoas a buscarem com afinco a própria felicidade. Entretanto, o lado ruim é que a busca incessante pela felicidade às vezes é paradoxal. Ou seja, quanto mais alguém se esforça para alcançar a felicidade, menos feliz tende a ser. Diferentes motivos explicam esse fenômeno, talvez seja a valorização excessiva da felicidade, junto de uma noção idealizada do que é ser feliz, que possa levar alguém a se desapontar com mais frequência, porque ela parece nunca poder alcançar a tal da felicidade. É importante se preocupar com a felicidade e fazer o necessário para maximizá-la, mas deve-se tomar cuidado para não exagerar na dose.

Todas as pessoas merecem ser feliz. Mas faz parte da vida passar por momentos menos animados, mesmo que às vezes a felicidade esteja mais próxima do que se imagina. Algumas dicas podem ajudar a enxergar isso, entre elas aprimorar o automonitoramento, a assertividade, adotar um estilo de vida saudável, praticar a meditação e a autocompaixão. Essas são as cinco coisas das quais eu vou falar a partir de agora e que podem mudar a vida de muitas pessoas depois que elas começam a desenvolvê-las melhor.

O automonitoramento é uma das habilidades mais importantes para aperfeiçoar o processo de aprendizagem, pois pode ajudar a pessoa a satisfazer a necessidade de ter uma visão acurada da realidade e de sentir controle sobre si mesmo. A assertividade é muito útil para poder interagir de forma satisfatória com os outros. Já que relacionamentos são importantes para a saúde e a felicidade, então aprimorá-los é uma forma de ampliar a própria felicidade. Um estilo de vida saudável pode impactar tudo dentro de uma pessoa, já que, quando o corpo humano está saudável, fica mais fácil ter uma mente saudável, uma autoestima positiva e ver sentido na vida. Quanto à meditação e à autocompaixão, as duas geralmente ajudam a lidar com dificuldades ligadas à necessidade de controle e de autoestima – que tanto atormentam a mente das pessoas nos tempos atuais.

Automonitoramento

Se uma pessoa costuma refletir sobre as coisas que faz e tenta entender o que sente, talvez ela seja alguém com uma boa capacidade de automonitoramento. Essa característica do ser humano se relaciona com a habilidade de observar, interpretar e regular os sentimentos, pensamentos e ações. Além disso, é uma habilidade metacognitiva, sendo que a metacognição se refere tanto ao conhecimento produzido sobre os processos cognitivos – como pensamento, atenção e memória – quanto ao uso desse conhecimento para se autorregular. O automonitoramento é uma das habilidades mais importantes para a aprendizagem de coisas novas em menos tempo. Por isso, a maioria das vezes ele auxilia na aplicação de todas as próximas dicas, além de ser um bom ponto de partida para causar um reboliço nas estruturas da vida de qualquer pessoa.

Quem tem uma alta capacidade de automonitoramento costuma perceber com mais facilidade as emoções que sentiu, os erros que cometeu, o comportamento que precisa mudar, os impulsos que têm de controlar, as consequências das próprias ações, as limitações e as qualidades que possui. No entanto, quem tem baixa capacidade de automonitoramento costuma agir de forma mais automática e reativa ao ambiente, às suas emoções e aos seus pensamentos. Se uma pessoa assim se sentir com muita raiva porque o seu time tomou mais uma goleada do Flamengo – os gremistas conhecem bem esse sentimento –, ela pode acabar descontando isso sem perceber em alguém que não teve nenhuma culpa por essa emoção negativa ter surgido. Enquanto essa pessoa estiver interagindo com outra, terá mais dificuldade de perceber o que causa incômodo ou de ajustar o próprio comportamento a mudanças na situação em que se encontra.

A notícia boa sobre essa habilidade é que qualquer um pode aprimorá-la ao exercitá-la no dia a dia. Uma vez que alguém se torne gradativamente mais habilidoso em se monitorar, isso será benéfico, pois amplia a capacidade de aprender mais sobre si mesmo, sobre os outros e sobre qualquer outra coisa. O automonitoramento proporciona as capacidades de ser um bom observador das outras pessoas, prestar atenção em si mesmo e refletir racionalmente. Isso significa que quem desenvolve essa habilidade tende a ser mais perspicaz acerca do comportamento dos outros conforme evolui em seu aprendizado. Na prática, melhora a percepção do significado de sinais não verbais, tais como mudanças nas expressões faciais, no contato visual, na entonação vocal, nos gestos corporais e na proximidade física.

É principalmente por meio de interações reais com os outros que o cérebro poderá se exercitar de verdade e aprender o significado das coisas. Entretanto, esses sinais não verbais podem ter significados bem variados a depender de cada pessoa e da situação em que ela está. À medida que uma pessoa melhora seu entendimento sobre como os outros reagem ao que ela demonstra, mais fácil fica para ela identificar quais posturas vão funcionar melhor para a maioria dos casos.

Para desenvolver um automonitoramento mais eficiente é fundamental haver introspecção e reflexividade, pois a primeira permite que a pessoa perceba informações mais precisas sobre si mesma, enquanto a segunda serve para auxiliar na análise, comparar e generalizar conclusões sobre as informações recebidas. Assim como no caso da capacidade de observar os outros, a introspecção também depende principalmente de muita experiência prática. Não existe um curso teórico que possa ser feito para adquirir uma capacidade introspectiva monstruosa da noite para o dia. Desse modo, é preciso botar a mão na massa e desenvolvê-la aos poucos, com paciência. Para fazer isso, busque perceber a partir de hoje, de forma intencional e cuidadosa, os próprios pensamentos que vagam pela mente, as emoções que surgem e os comportamentos que você exibe, tanto sozinho quanto durante interações com outras pessoas.

Algo especialmente útil é conseguir se tornar mais consciente dos pensamentos que passam pela cabeça logo antes de você apresentar uma alteração emocional. Quando as pessoas começam a se sentir mal, é comum que alguma ideia, muitas vezes vaga e negativa, tenha precedido as alterações emocionais sem que ela tenha percebido. Na mesma linha, também é saudável se tornar mais consciente sobre como as alterações emocionais influenciam os comportamentos. Muitas das coisas que as pessoas fazem são motivadas, de forma não consciente, pelas emoções, as quais foram acionadas a partir de pensamentos vagando pela sua mente. Enquanto alguém conversa com uma amiga, por exemplo, pode ser que ela diga algo que o induza a pensar, por exemplo: *Como eu sou ingênuo*. A depender da história de vida de cada pessoa, pode ser bem humilhante constatar que ela foi excessivamente ingênua em uma situação, pois talvez a pessoa já tenha passado por situações semelhantes a essa e isso a deixou bem magoada desde então. Assim, esse pensamento que surgiu durante a conversa pode disparar emoções negativas que vão alterar as tendências comportamentais, como dizer para a amiga que prefere ir embora para casa porque não está se sentindo bem.

Entretanto, uma vez que esses pensamentos, que antecedem mudanças emocionais, são identificados, é importante sempre registrar, em um papel ou até mesmo em algum aplicativo, qual foi o pensamento que surgiu e quais foram as mudanças emocionais e comportamentais que o acompanharam. Em um mesmo dia, é possível registrar esses eventos várias vezes e, então, adquirir mais facilidade nisso com o passar do tempo. Depois de um tempo, talvez seja mais simples começar a perceber certos padrões no modo como reage a diferentes situações. Essas dicas não apenas podem aguçar a sua capacidade introspectiva como também geralmente auxiliam a modificar alguns desses padrões, principalmente se você realizar algo conhecido como questionamento socrático para exercitar a capacidade de refletir criticamente sobre os próprios pensamentos. Para notar um pensamento típico e entender como funciona o questionamento socrático, é necessário anotar as suas respostas às perguntas a seguir, que se referem a esse pensamento:

1. Quais evidências são a favor desse pensamento? E quais são as contrárias?
2. Esse pensamento está baseado em fatos ou em sentimentos?

3. Esse pensamento é muito extremo, sem meio-termo, quando, na realidade, as coisas são mais complicadas?
4. Pode haver algum erro na minha interpretação das evidências?
5. Posso estar assumindo algo como verdadeiro, mas que, na realidade, é questionável?
6. Outras pessoas poderiam ter outras interpretações dessa mesma situação? Se sim, quais?
7. Estou analisando todas as evidências que existem ou apenas as que apoiam o meu pensamento?

Esses são apenas alguns exemplos de perguntas que poderiam servir de ajuda ao orientar uma reflexão crítica sobre os próprios pensamentos. Quanto mais praticar esse tipo de exercício com pensamentos que costumam alterar o seu humor, melhor pode se tornar em questioná-los. Faz diferença realmente escrever respostas para essas perguntas ao invés de apenas pensar nas respostas de forma abstrata, por isso é importante fazer anotações sempre que for praticar o questionamento socrático. Quando pessoas realizam de forma adequada esse tipo de tarefa, geralmente elas conseguem se sentir mais aliviadas e flexibilizam pensamentos que antes eram muito rígidos na cabeça. Vale ressaltar que fazer esse tipo de exercício para estimular o automonitoramento não é nem simples e tampouco agradável. O acompanhamento de um profissional pode ajudar a tirar o melhor proveito desse tipo de atividade.

Assertividade

Os relacionamentos podem impactar muito a felicidade e representam uma grande dificuldade na vida de várias pessoas. Quando se trata de relacionamentos, nunca será possível desfrutar de tudo o que se deseja e quando se deseja, visto que dificilmente as pessoas terão uma compatibilidade perfeita e constante.

O estilo de comunicação assertiva tem um grande potencial de ajudar as pessoas a conviverem melhor umas com as outras, cuidarem melhor de si mesmas e, consequentemente, sentirem-se mais felizes. Comunicar-se de forma assertiva significa expressar um desejo de forma direta, clara, honesta e objetiva, ao mesmo tempo que demonstra abertura para o diálogo. A pessoa que se comunica assertivamente consegue ter cuidado não apenas com o conteúdo da fala, mas também com a maneira como vai expressar isso. Exemplos disso ocorrem quando há, de forma tranquila, o compartilhamento de emoções, opiniões, necessidades e na defesa ou no cumprimento de um direito sem negar ou impedir que os outros também exerçam os deles.

A assertividade pode ajudar as pessoas a não ofender os outros em situações que envolvem algum risco de desagradar, como ao expressar um incômodo, fazer uma crítica, discordar de um ponto de vista ou reafirmar um direito que está sendo desrespeitado. Ela pode permitir que haja uma interação na qual ambas as pessoas sejam tratadas, uma pela outra, de forma justa e igualitária.

Entretanto, os problemas costumam surgir quando as pessoas se afastam da assertividade e vão em direção à passividade ou à agressividade. Pessoas com uma propensão a se comunicar de forma passiva possuem dificuldades em situações nas quais precisam comunicar as suas preferências, emoções negativas, ou discordâncias, por exemplo, e por isso se submetem com frequência ao que é expresso ou imposto pelos outros. Talvez alguém tenha um parceiro romântico que manifestou um interesse sexual inusitado e, por maior que seja o receio da outra pessoa de se acidentar gravemente durante essa aventura, às vezes ela prefere aceitar a proposta para não decepcionar o parceiro, mesmo que, na verdade, ela esteja com medo. Já a agressividade vai facilitar que a pessoa se expresse e exerça os seus próprios direitos, mas de uma maneira emocionalmente intensa ou hostil que pode restringir os direitos dos outros. Se uma pessoa der um chilique porque o parceiro romântico dela quer se encontrar com amigos em um bar, sem ela, ela pode até estar sendo sincera, mas de uma maneira que pode ameaçar a autonomia e o bem-estar do parceiro.

Apesar desses exemplos, nem sempre a assertividade vai ser a melhor escolha, pois a melhor forma de se comunicar sempre vai depender dos objetivos e da situação em que se encontra. Logo, não existe uma única forma correta ou errada de agir com os outros. Se uma pessoa está sendo importunada por alguém e o estilo de comunicação assertiva não foi o suficiente para que a situação parasse – inclusive, uma experiência que muitas mulheres vivem nas festas –, uma certa dose de agressividade pode ser necessária para conseguir impor um limite ou encerrar uma interação desagradável. Infelizmente, algumas pessoas apenas se convencem de verdade da sua falta de interesse nelas dessa forma. Muitos, talvez, convencidos de que são irresistíveis ou de que é preciso insistir, podem continuar achando que a pessoa estava somente se fazendo de difícil. Já no caso de ver, no meio da rua, alguém sendo assaltado à mão armada, uma postura passiva pode ser mais segura do que informar assertivamente ao ladrão que aquilo que ele está fazendo é errado ou tentar impedi-lo de forma agressiva.

A falta de assertividade pode resultar principalmente de um déficit na habilidade de se expressar adequadamente ou uma grande ansiedade vivenciada durante interações sociais. Em outras palavras, pode ser que a pessoa nem entenda muito bem o que é assertividade, não esteja acostumada a se comportar dessa maneira com outros ou até já tenha alguma experiência com isso, mas fica muito inibida e receosa quando precisa interagir com alguém. Essas dificuldades se relacionam com uma possibilidade maior de vivenciar problemas de ansiedade, depressão, autoestima negativa e insatisfação nos relacionamentos.

Também o transtorno da ansiedade social, mais conhecido como fobia social, apresenta uma ligação especial com a assertividade. A pessoa que vive essa condição costuma sentir um grande receio de interagir com outras pessoas e receber avaliações negativas, críticas, olhares de julgamento ou ofensas. Essa dificuldade vai além de uma timidez, porque há um receio tão grande a ponto de limitar bastante a pessoa em diferentes áreas da sua vida. Para alguém com fobia social, fazer apresentações de grupo pode ser um pesadelo. Se interagir com uma pessoa já envolve o risco de avaliações negativas, imagine com uma multidão? Essa situação aumenta as chances de a pessoa abandonar os estudos, frustrar-se com os relacionamentos e se sentir praticamente um alienígena.

Tanto o déficit na habilidade de se comunicar quanto a ansiedade vivida durante interações sociais podem ser aprimoradas espontaneamente pela pessoa ao entrar em contato com várias experiências desagradáveis e constrangedoras ao longo da vida. Felizmente, existe outro caminho menos longo e sofrido, o qual envolve o treinamento em habilidades sociais. As habilidades sociais envolvem os inúmeros comportamentos que as pessoas utilizam cotidianamente ao interagir com outros indivíduos, como ao fazer perguntas, elogios e críticas, ao conversar e ao pedir ajuda ou desculpas. Pessoas com grandes dificuldades em exibir habilidades sociais como essas tendem a exibir um desempenho acadêmico pior, possuem uma chance maior de abusar de substâncias e de desenvolver transtornos de ansiedade.

Alguns psicólogos oferecem treinamentos para as habilidades sociais, nos quais a pessoa pode exercitar a sua capacidade de se comunicar de modo verbal e não verbal com mais efetividade, bem como modificar crenças que a predispõe a exibir ansiedade em interações sociais. Seja por tentativa e erro ou com a ajuda de um profissional, o melhor jeito de alcançar um estilo de comunicação assertiva é se tornar mais empoderado(a) no futuro, a fim de se expressar e defender os próprios direitos.

Estilo de vida saudável

É comum que pessoas que convivem com transtornos mentais possuam uma saúde física um pouco prejudicada e um estilo de vida menos saudável. Quando a condição psicológica de uma pessoa é mais grave, provavelmente aumentam as chances de ela desenvolver doenças cardiovasculares, respiratórias e diabetes, além dela ter um risco maior de morrer precocemente.

As saúdes física e a mental estão intimamente ligadas, não por acaso. Imagine uma pessoa com depressão, por exemplo, que talvez apresente pouco entusiasmo para se exercitar, dificuldades para dormir e, para amenizar a sua dor existencial, provavelmente tenha o hábito de consumir cigarro ou álcool em excesso. Com o passar do tempo, esse estilo de vida menos saudável poderá trazer diferentes repercussões físicas e psicológicas a essa pessoa, as quais vão piorar o bem-estar dela e possivelmente agravar a sua permanência nessa circunstância pouco saudável.

Se tem uma coisa que pode mudar de forma radicalmente positiva a vida de alguém, essa coisa com certeza é um robô aspirador de pó! Quer dizer, um estilo de vida saudável! *Apesar de eu também recomendar o robô. Eu tenho um e adoro*. Para adquirir um estilo de vida mais saudável, é importante evitar o consumo de cigarro e reduzir a ingestão de bebidas alcoólicas, mas vou enfatizar três mudanças fundamentais: dormir bem, comer bem e exercita-se regularmente (o que podemos chamar de o "triozinho da alegria"). Se uma pessoa dorme e come mal e é sedentário, mudar de estilo de vida e conseguir mantê-lo por um bom tempo pode diminuir as chances de desenvolver doenças cardiovasculares, diabetes, câncer, envelhecimento precoce, mal funcionamento do sistema imunológico e problemas ligados a estresse, ansiedade, autoestima e depressão. Ao mesmo tempo, fazer essa mudança também pode ter benefícios cognitivos, como melhorar o desempenho da memória, da atenção, da criatividade e do raciocínio.

Quanto ao sono, é difícil enfatizar o quão importante ele pode ser para aproveitar o melhor que a vida tem a oferecer. A verdade é que dormir bem é mega importante! O corpo humano precisa de uma boa qualidade de sono para regular vários processos essenciais que vão impactar na saúde e no funcionamento mental no cotidiano. É durante o sono, por exemplo, que ocorre a consolidação das memórias, um processo que transforma memórias temporárias em duradouras ou de longo prazo, ou seja, memórias que têm mais chance de serem lembradas um dia. Dormir bem significa dormir uma boa quantidade de horas e com uma qualidade que o faça se sentir descansado. A quantidade ideal de horas pode variar, mas dormir poucas horas costuma ser prejudicial. Para adultos, entre sete e nove horas tende a ser satisfatório.

Ao longo da vida, muitas pessoas tratam o próprio corpo com negligência, ignorando a necessidade de uma boa qualidade de sono em favor de coisas que, na verdade, não eram tão urgentes assim. *Eu reconheço que fiz isso por muito tempo, até descobrir tudo o que eu sei hoje sobre o assunto.* Todas as pessoas têm autonomia para fazer isso, mas algo assim dificilmente será de graça.

Há sempre um preço a se pagar quando se ignora as necessidades do corpo e, no caso do sono, o preço pode ser alto. Dormir regularmente mal pode lhe trazer não só vários prejuízos físicos, mas também agravar problemas ligados à ansiedade, depressão, estresse, atenção, memória e o seu bem-estar como um todo. Quando o corpo não está bem, fica mais complicado para a mente estar bem, então cuidar do sono é uma das melhores coisas a fazer por si mesmo.

Se você tem dificuldades para dormir, anote aí as dicas que eu vou dar porque elas podem ajudar bastante. Preste atenção no ambiente em que você anda dormindo, pois ele pode facilitar ou atrapalhar muito. Ambientes pouco iluminados, confortáveis, com temperaturas agradáveis e baixo nível de barulho são os melhores. Eles não garantem um bom sono por si, mas criam uma condição muito favorável. Também é útil deitar-se na cama apenas no momento de ir dormir. Se você conseguir acostumar o seu cérebro a associar a ideia de se "deitar na cama" com "hora de dormir", a sua chance de conseguir pegar no sono aumentará. Programar-se para não ir dormir muito tarde também pode facilitar as coisas, já que assim você aproveita todas as mudanças neuroquímicas que acompanham o final do seu ciclo circadiano no fim do dia e que vão naturalmente exercer uma pressão para que você durma.

Mesmo com essas precauções mais básicas, pode ser que ainda enfrente muita dificuldade para pegar no sono. Várias condições médicas e psicológicas costumam atrapalhar o adormecimento, por exemplo, a apneia do sono ou o uso de certas drogas e medicamentos, bem como a presença de transtornos mentais. Nesses casos, a melhor coisa a se fazer é procurar a ajuda de um médico competente. Mas ainda tem uma terceira coisa, mais psicológica, os pensamentos intrusivos, os quais podem causar insônia. Sabe quando alguém se deita na cama para dormir, mas é acometido por pensamentos invadindo a sua mente? Isso pode estar relacionado a uma condição conhecida como insônia primária. Entretanto, para lidar com esse problema, busque praticar alongamento e relaxamento muscular antes de se deitar, fazer uma alimentação leve no período que antecede a tentativa de dormir e, claro, obter ajuda de um profissional.

Também existem outras ferramentas e quero apresentar uma técnica que você pode começar a praticar se algum dia não conseguir dormir por causa de pensamentos intrusivos: a mudança de foco cognitivo. Primeiro você precisa escolher um assunto sobre o qual você poderia ficar pensando quando se deitasse na cama. Esse assunto precisa ser positivo, mas deveria ser mais neutro do que superpositivo (assuntos negativos ou muito positivos podem o deixar agitado e isso costuma dificultar o sono).

Os assuntos neutros envolvem exemplos como construir versões diferentes de mundos imaginários, criar letras de músicas que não façam sentido, calcular os números de Fibonacci ou imaginar qual será o clima na cidade nos próximos dias. Pode ser uma coisa bem aleatória mesmo. Vale usar a imaginação e fazer testes para escolher um assunto que consegue prender a atenção, mas sem o deixar agitado. Essa tarefa ajuda a relaxar o corpo e evita que outros pensamentos inconvenientes atrapalhem, pois a atenção vai estar previamente focada em algo. Às vezes faz-se necessário praticar por alguns dias até pegar melhor o jeito da coisa, mas depois de alguma prática, esse hábito talvez se transforme em uma solução para os seus problemas noturnos, portanto, vale a pena testá-la por algum tempo.

Além do sono, outro ponto muito importante de um estilo de vida saudável está relacionado ao que é ingerido. Você já parou para pensar em como decide o que vai comer em um determinado momento do dia? Talvez você goste de ir explorar a sua despensa ou geladeira em busca de algo gostoso e prático. Achando algo que o agrade, come sem se preocupar muito com a quantidade ou com o quão saudável é comer aquilo. Dia após dia, essa estratégia espontânea de alimentação pode aos poucos ir gerando mudanças físicas e psicológicas sem que você perceba, mas que não são necessariamente vantajosas ou saudáveis. Por mais legal que seja sentir uma grande liberdade nessa esfera da vida, comer sem pensar muito no que está comendo pode não ser uma decisão tão sábia assim.

A comida é realmente capaz de impactar a mente, positiva ou negativamente, a depender dos hábitos de cada um. O consumo excessivo de coisas como o álcool, por exemplo, causa prejuízos bem conhecidos. Afinal de contas, mesmo sendo uma droga legalizada e socialmente aceita, enquanto a maconha é proibida e estigmatizada, o álcool é de longe uma das drogas mais prejudiciais que existe. Perto dos estragos que o álcool faz na sociedade como um todo, a maconha é quase inofensiva (embora ela não seja realmente inofensiva). Afinal, enquanto milhares de pessoas já morreram em decorrência direta ou indireta do álcool, essa conta deve ser próxima de zero em relação à maconha. Isso acontece principalmente porque o álcool é muito mais consumido, acessível e presente nas interações sociais, além de causar alterações no cérebro que tornam os indivíduos menos capazes de exercer o autocontrole. Cada pessoa reage de uma forma aos efeitos de substâncias como o álcool, mas de maneira geral, quando as pessoas se tornam menos capazes de controlar os próprios atos, ficam mais propensas a agir de forma impulsiva, agressiva e perigosa. Já no caso da maconha, ela dificilmente leva alguém a agir de forma agressiva. Na verdade, acontece o contrário, a tendência é que as pessoas se sintam mais relaxadas ao consumi-la e adotem uma postura amigável e serena.

Não são apenas as drogas que são capazes de alterar a saúde, mas também os próprios alimentos. Pessoas que adotam uma alimentação com base na culinária mediterrânea costumam ter saúde física e mental mais elevada. Essa alimentação pode envolver frutas, peixes, sementes, vegetais, castanhas e azeite.

Evidentemente, o tipo de alimento consumido é importante, mas tão importante quanto o que se come é o quanto se come disso. O azeite, por exemplo, tem a fama de ser um alimento extremamente saudável e sim, ele de fato é um bom alimento. Porém, ele também é um alimento extremamente gorduroso, e, portanto, bem mais calórico. Por isso, encharcar o prato de um almoço supersaudável com azeite pode aumentar bastante a quantidade de calorias consumidas e a ingestão diária de gordura nessa refeição.

Uma alimentação saudável e equilibrada garante a ingestão das quantidades ideais de proteínas, carboidratos, gorduras e micronutrientes para o corpo. Um dos benefícios disso é melhorar a qualidade do sono e a disposição física como um todo, e assim, ao melhorar esses dois aspectos da vida, também será possível proporcionar diversos benefícios tanto para a saúde física quanto para mental. De todo modo, não existem alimentos sagrados ou completamente proibidos, mas é importante ter em mente que a alimentação precisa ser pensada como um todo, para que ela seja realmente saudável, e não apenas pensar na restrição de algum alimento ou algo do tipo. Portanto, não adianta cortar o chocolate ou o sorvete se o resto das coisas consumidas ao longo do dia não forem adequadas para as necessidades nutricionais do corpo. E é nesse ponto que um ou uma nutricionista pode ajudá-lo bastante a não cair no mundo encantado das dietas milagrosas – que, na verdade, não são milagrosas, porque não funcionam.

Além disso, talvez uma das partes mais importantes de um estilo de vida saudável envolva a prática de atividades físicas regulares. Ao que tudo indica, elas têm interferência direta no dia a dia das pessoas. Tenho notado cada vez mais o quão diferentes costumam ser os meus dias, caso eu me exercite ou não. Nos dias em que pratico minhas atividades, especialmente se for executado pela manhã, a sensação boa ao longo do dia é nítida. O humor é mais positivo, a irritação com as coisas é menor, a produtividade é maior e há uma sensação bem maior de bem-estar. Porém, em períodos prolongados sem exercícios, a sensação é de estar cada vez mais estressado, sem paciência, com dificuldades para dormir e para ser produtivo. São basicamente esses mesmos padrões que muitas pessoas também exibem.

A lista de benefícios para a saúde física e mental que podem ser adquiridas devido às atividades físicas é grande. Elas melhoram o sono, reduzem sintomas de ansiedade, depressão, estresse, aprimoram capacidades cognitivas como a memória, a criatividade, o raciocínio e, de um modo geral, impactam de maneira positiva no bem-estar. Ao lado do sono de qualidade, as atividades físicas são uma dessas coisas raras que podemos classificar como um remédio para a maioria das doenças, gratuito e acessível para todos. Se tem uma dica que eu preciso lhe dar é que você pratique alguma atividade física de forma regular. Se você acha correr ou malhar chato, não tem problema! Existem várias outras opções por aí: boxe, tênis, basquete, golfe, surfe, remo, vôlei, ciclismo e por aí vai. Escolha uma atividade que você gosta mesmo ou talvez uma que sempre teve curiosidade de praticar, mas que nunca praticou, e se dê uma chance de conhecê-la melhor na prática. Eu tenho o pressentimento de que se você fizer isso, pode se surpreender muito, positivamente. Seja lá qual for a modalidade esportiva, desde que ela consiga motivar você a manter uma regularidade, está valendo.

A sugestão não é de cultivar a prática de atividades físicas apenas por causa das mudanças neurofisiológicas maravilhosas que ela é capaz de proporcionar para o corpo, mas também porque essa é uma ótima forma de se conhecer melhor. Além de abrir a possibilidade de conhecer novas pessoas, as quais talvez se tornem amigas ou até mesmo, quem sabe, um ou uma *crush*! Praticar esportes facilita o contato social, visto que todos, reunidos para praticá-los, possuem de cara um interesse em comum. A depender do esporte, a boa comunicação entre as pessoas é essencial e, mais do que isso, inevitável. Quando praticamos um esporte em grupo, também praticamos habilidades sociais fundamentais para que haja uma comunicação clara e efetiva. Então, o contexto se torna ótimo não apenas para se aprimorar física e mentalmente, mas também socialmente.

Dando mais atenção para o "triozinho da alegria", você vai entrar em um ciclo virtuoso e a melhor parte disso é que basta começar a melhorar um desses três aspectos para ficar mais fácil melhorar os outros. Por exemplo, se alimentar de maneira mais consciente e equilibrada permitirá que você se sinta mais disposto para praticar atividades físicas e para dormir melhor. Do mesmo modo, ao garantir que a qualidade do sono esteja melhor, a disposição física aumenta e, a ansiedade, o estresse ou o mau humor diminuem, o que reduz as chances de usar a alimentação para tentar regular as emoções. E, por fim, praticar atividades físicas ajuda a regular o sono e a alimentação, já que os níveis de estresse e ansiedade tenderão a permanecer mais moderados.

Portanto, adotar um estilo de vida mais saudável pode ser uma das mudanças mais importantes – e mais difíceis – que alguém fará ao longo da vida. Muitos estão tão acostumados com o sedentarismo que ele faz parte da própria identidade da pessoa. Para muitos, a comida não é tratada como uma necessidade prática, mas, sim, como um momento de entretenimento ou de excessos. Então, eu entendo que talvez não pareça tão animador assim fazer algum tipo de mudança como essa, porém, talvez, seja legal você realizar um teste que implica mudar o estilo de vida por algumas semanas e perceber qual é a sensação depois da mudança. De preferência, procure a orientação de bons profissionais, pois fazer alguma dessas mudanças de qualquer jeito pode não ser muito útil ou até mesmo prejudicial.

Meditação

O mundo moderno, pelo menos em muitas culturas, estimula as pessoas a funcionarem em um ritmo acelerado, sobrecarregado e estressante. O tempo todo elas são incentivadas a antever riscos, planejar viagens, se programar para oportunidades de emprego e várias outras coisas que empurram a atenção para o futuro. Enquanto isso, a vida, que ocorre única e exclusivamente no presente, pode estar se dissipando bem diante dos olhos sem que as pessoas percebam ou a aproveitem da maneira ideal.

Uma forma simples de começar a contra-atacar esse direcionamento de consciência para o futuro, é praticando meditações da atenção plena (*mindfulness*). Essa modalidade pode melhorar a concentração e o autocontrole, por exemplo, porque envolvem um foco mental na experiência do presente junto de uma postura de aceitação, curiosidade, contemplação e abertura. A pessoa deve evitar fazer qualquer tipo de julgamento ou avaliação durante a prática. Enquanto ela se foca em algo, tal como na própria respiração, ideias podem surgir espontaneamente na consciência dela. Há como perceber a presença dessas ideias lá e, depois, simplesmente voltar a se concentrar no que estava fazendo.

Que tal praticar um pouco agora? Pode ser bem mais simples do que se imagina! Diferente do que muita gente pensa, a meditação não tem a ver necessariamente com não pensar em nada ou esvaziar a mente. Na verdade, se relaciona mais com o exercício do controle do fluxo de pensamentos. Neste momento, você pode praticar uma versão bem simples de meditação da atenção plena. Primeiro, sente-se em um lugar confortável de uma maneira que o corpo inteiro possa ficar bem relaxado. Então, feche os olhos e comece a inspirar profunda e lentamente. Depois, expire devagar até esvaziar os pulmões. Isso tudo tem que acontecer de um jeito bem relaxante, espontâneo e confortável. Enquanto respira, busque focar a atenção exclusivamente na própria respiração. Tente voltar toda a atenção para própria inspiração e expiração e em tudo o que o corpo precisa movimentar para que essas duas coisas aconteçam.

Se houver algum receio com a prática, comprometa-se a praticá-la apenas durante trinta segundos, com o apoio de algum cronômetro digital para que não se preocupe com o tempo. Se hoje você estiver naqueles dias mais ousados, pratique por um minuto. Você pode ir aumentando progressivamente o tempo das suas práticas para que o seu cérebro vá pegando o jeito da coisa. Se quiser praticar um pouquinho aí, podemos continuar nossa conversa depois, sem problema. Medite pelo menos um pouco agora porque se deixar para depois, pode acabar se esquecendo. Algumas pessoas já têm uma facilidade espontânea para realizar essa meditação mesmo sem ter praticado muito antes, enquanto outras têm maior dificuldade. Quanto mais praticar ao longo de diferentes dias, melhor você vai se tornando em realizá-la.

Autocrítica e autocompaixão

É difícil se sentir feliz quando há um sentimento grande de insatisfação consigo mesmo ou quando você regularmente se trata muito mal. Isso é o que ocorre com pessoas que são muito autocríticas. As pessoas que apresentam essas características provavelmente vão se identificar com alguns aspectos, como achar que há sempre alguém de olho no que estão fazendo, apenas à espera de algum vacilo para apontar o dedo e depreciá-las. Para essas pessoas, um erro banal ou de pouca importância é recebido com uma crítica pesada e generalista. O pensamento comum dessas pessoas, em relação a elas mesmas, é de que sempre fazem tudo errado, ou de que são burras e inúteis. Não é fácil ser tratado dessa forma todos os dias, mesmo que seja por si mesmo, não acha?

A sociedade pressiona os indivíduos a serem severos consigo mesmos, já que, caso contrário, eles estarão mais propícios ao erro, ao fracasso, às críticas e à exclusão social. De acordo com essa narrativa, cada pessoa tem de se esforçar muito para ser excelente, independente e verdadeiramente feliz. A pressão para que as pessoas sejam boas no que fazem, bem-sucedidas e, de preferência, melhor do que os outros, pode ser um peso bem grande para se carregar nas costas a vida inteira. Se alguém quiser ser muito bom em algo, certamente vai precisar se esforçar muito e ter um bom senso crítico para aprender com os próprios erros. Nesse sentido, a autocrítica é uma necessidade prática para acelerar o processo de aprendizagem. Mas, a questão principal não é se o ser humano deve ser crítico consigo mesmo ou não, mas, sim, como fazer isso.

Se houver uma reflexão acerca das próprias ações, a fim de constatar o que precisa ser melhorado e simplesmente trabalhar em uma direção para progredir, não há nada de prejudicial nisso, pelo contrário, provavelmente haverá um aprimoramento. Agora, se ao refletir sobre as próprias ações, constatar o que precisa ser melhorado e direcionar a si mesmo críticas duras, rígidas e generalistas, quase que como uma chibatada mental, a fim de se punir pelos erros imperdoáveis cometidos, talvez isso seja bem desmotivante a longo prazo. Isso pode ocorrer porque, aos poucos, é feito um convencimento do próprio cérebro de que é realmente muito burro, incapaz ou fraco demais para alcançar a meta que deseja. Depois de tanto se criticar duramente por um erro, a pessoa pode começar a acreditar que nem adianta tentar buscar a realização de algo, já que provavelmente ela vai fracassar. Então, para ela pode ser mais vantajoso proteger a autoestima do que se dar ao trabalho de mostrar novamente o quão fracassada é.

Esses comportamentos são muito comuns em quem se envolve em um ciclo de autossabotagem, no qual a própria pessoa realiza ações que vão acabar diminuindo sua capacidade de fazer o que precisava fazer – geralmente uma tarefa mais estressante. Por exemplo, uma pessoa que inventa mil e uma tarefas para fazer antes daquela que realmente precisava ser feita está, talvez sem perceber, diminuindo cada vez mais o tempo disponível para realizar a tarefa mais importante. Como as outras tarefas são mais simples ou curtas, ela não se importa de fazê-las, até porque ficar engajada com elas, será uma forma de alcançar o que muitos indivíduos sentem que precisam nesse tipo de situação: uma boa desculpa para justificar o fracasso. Desde que haja um aparente fator externo para explicar o porquê de não ter sido feito o que era preciso, pelo menos haverá como se defender de si mesmo ou dos outros – mesmo que, na verdade, aquele fator externo seja resultado direto das próprias ações da pessoa ou inações prévias dela.

Uma maneira de reduzir a autossabotagem e as autocríticas severas ao mesmo tempo é desenvolvendo melhor uma capacidade que todos nós temos em algum nível: a autocompaixão. Ela é a sua habilidade de exibir compaixão por si mesmo quando você está sofrendo, comete um erro ou não age da forma que gostaria. Quando nos tratamos com autocompaixão, isso significa que adotamos uma postura de aceitação e de empatia por nós mesmos no lugar de críticas severas. Caso o seu desempenho fique abaixo do que gostaria, o seu foco será em reconhecer o esforço que fez e não em desprezá-lo por ter ficado abaixo da sua expectativa. Você admite que cometeu um erro, mas que errar faz parte da condição humana, e o mais importante é se precaver para que aquilo não ocorra de novo ou reparar os danos caso isso seja possível. Se você cometer o mesmo erro no futuro, a mesma lógica se aplica: a maioria de nós segue a vida inteira repetindo certos padrões e cometendo os mesmos erros em diferentes situações. Como falei antes, errar é humano e errar repetidamente, mais ainda.

Entretanto, a ideia não é de a pessoa simplesmente aceitar que é um humano falível, propenso ao erro e, então, se perdoar rapidamente sem se importar tanto com o que fez de errado. Na verdade, pode e deve se importar com os erros, mas não é por meio de xingamentos que se demonstra isso de uma forma que seja realmente útil para alguma coisa além de estimular mais sofrimento.

Outras formas mais construtivas de reagir a um arrependimento é expressando isso para quem se prejudicou com os seus atos, fazendo o que for possível para reverter os danos que foram causados, refletindo sobre o porquê de fazê-los e pensando sobre o que poderia ser feito concretamente para evitar a repetição do erro, por exemplo, procurar um psicólogo para lidar com uma dificuldade que tem e que, volta e meia, leva a cometer um mesmo erro. Essas são coisas que realmente podem fazer a diferença e auxiliar as pessoas a se sentirem melhor. Da próxima vez que cometer um erro, lembre-se de que pode ser mais útil não se torturar psicologicamente, mas, sim, no lugar disso, pensar no que pode fazer diferente dali para a frente ou em como reparar os danos causados.

Um tipo especial de ser humano

O processo de busca por uma mudança pode ser um longo e desgastante percurso para muitas pessoas. Por meio de tentativa e erro, algumas delas acabam espontaneamente promovendo mudanças que já permitem uma grande melhora na própria vida. A parte ruim nisso é que lidar dessa forma pode prolongar desnecessariamente o sofrimento, mascarar o problema muito mais do que encará-lo e acumular mais prejuízos ainda para o montante total de prejuízos. Então, é nesse processo que a presença de um tipo especial de ser humano, um psicólogo ou uma psicóloga, se torna mais importante.

Mesmo com a promessa que fiz, de apresentar dicas sobre quatro coisas que poderiam maximizar a felicidade, na verdade, há uma quinta que vou lhe dar de surpresa – procurar um psicólogo ou uma psicóloga – que talvez seja uma das mais importantes. Esse profissional é alguém que passa anos estudando e treinando para entender as situações pelas quais as pessoas passam e assim ajudá-las a lidar com circunstâncias problemáticas. São milhares de páginas que precisam ser lidas, centenas de horas participando de aulas, de discussões e de vários atendimentos durante os estágios para que o psicólogo e a psicóloga possam aprimorar as suas competências, os seus conhecimentos e ajudar as pessoas a se sentirem mais satisfeitas com a própria vida ou a mudar a vida para que se sintam mais satisfeitas com ela.

Quando esse profissional aplica adequadamente empatia, profissionalismo, ética, teorias e conhecimentos científicos para entender a situação que alguém está vivendo, ele se torna um dos tipos de pessoa mais capazes de auxiliar na melhora do bem-estar de alguém. A psicoterapia é um procedimento que ele usa para avaliar a situação de uma pessoa, ensiná-la coisas importantes, aplicar técnicas e acompanhar o seu desenvolvimento.

Em um encontro inicial, o psicólogo ou a psicóloga precisa começar a entender qual é a situação de vida da pessoa. O profissional pode fazer isso por meio de uma avaliação psicológica, na qual há uma investigação rigorosa e abrangente para saber que demandas a pessoa tem, quais são as condições de vida dela, o que ela fez antes para lidar com as dificuldades, quais são os medicamentos de que ela faz uso e outros fatores importantes. Essa investigação é conduzida por meio de entrevistas com a pessoa, entrevistas com familiares, aplicações de testes psicológicos, análise de dados secundários, como documentos sobre algum aspecto da vida da pessoa, e outras técnicas, a depender de cada paciente.

Uma vez que foram reunidos e analisados todos os dados levantados durante a investigação, conclui-se sobre quais devem ser os objetivos específicos da psicoterapia caso ela pareça um caminho interessante e como esses objetivos podem ser alcançados da melhor forma. É importante que essa conclusão seja bem embasada nos dados que foram colhidos, já que, do contrário, seria um desperdício de informações extremamente valiosas para ajudar aquela pessoa da forma mais impactante e breve possível. Também é comum que o psicólogo ou a psicóloga perceba a importância de a pessoa ser acompanhada por outros profissionais, tais como psiquiatras, neurologistas, endocrinologistas, educadores físicos, nutricionistas, terapeutas ocupacionais e algumas outras especialidades, de acordo com cada caso. Portando isso tudo, o profissional pode compartilhar as suas conclusões e recomendações com a pessoa que o procurou e assim ela pode se engajar nas atividades propostas.

Ao longo de encontros, o psicólogo e o cliente podem estabelecer uma relação amigável e genuína de cooperação que permitirá ao cliente se conhecer melhor e desenvolver competências cognitivas, sociais e comportamentais que o ajudarão a lidar com a sua demanda de uma maneira mais satisfatória – até mesmo pelo resto da vida. Por isso, acho uma pena quando alguém que está enfrentando grandes dificuldades ou sofrendo intensamente menospreze a importância de procurar um psicólogo com argumentos como "é caro", "estou dando conta" ou "meu bar é minha terapia, preciso disso aí não". Talvez você pense algumas dessas coisas e tudo bem, mas gostaria de lhe apresentar alguns contra-argumentos para você pensar se vale a pena mudar o que você pensa sobre isso ou não.

Psicoterapia custa um valor razoável, embora varie de profissional para profissional. Mas existe alguma coisa mais valiosa na vida do que a própria saúde? Sem saúde fica bem mais difícil funcionar direito e se sentir bem, além de ficar vulnerável a diferentes males. Gastar dinheiro com psicoterapia é investir em si mesmo, na qualidade de vida e na sua capacidade de desfrutar o máximo que a vida pode oferecer. Se alguém anda muito mal, as experiências positivas dessa pessoa podem ser sistematicamente meio boas em vez de ótimas. Desse modo, ao pensar em todo o dinheiro gasto em uma viagem internacional, ter essa experiência vai ter valido muito menos a pena se você não estiver bem para aproveitá-la da maneira ideal. Um momento especialmente capaz de fazer o dinheiro impactar a sua felicidade é aquele no qual paga-se um psicólogo para estimular o seu crescimento pessoal. Também vale ressaltar que existem alternativas caso a renda da pessoa já esteja muito comprometida. Muitas universidades públicas, faculdades particulares e institutos de especialização oferecem atendimento gratuito ou com valores reduzidos para a comunidade. É bom verificar se não existe alguma instituição por perto que ofereça isso, pois fazer esse esforço pode ser o começo de uma grande mudança na sua vida.

Quando alguém diz que está dando conta, causa preocupação, porque quanto mais tempo a pessoa adia para lidar de uma forma efetiva com a sua dificuldade, mais ela vai se prejudicar com isso e pode até piorar a situação. Ao que tudo indica, todos têm somente uma vida e ela é curta. Então, permitir que uma dificuldade se arraste ao longo do tempo é um empecilho na hora de aproveitar a sua preciosa vida tão bem quanto poderia. É claro que pode gerar algum desconforto ter de procurar um profissional competente. Só a ideia de expor a intimidade para alguém que mal conhece e que talvez poderia, a princípio, manifestar algum julgamento, também pode não ser tão agradável. Mas sabe que outras coisas também não são nada agradáveis? Deixar de viver plenamente a própria vida, não ser a melhor versão de si mesmo ao interagir com os outros e precisar saborear todo dia pela manhã o amargor de uma vida limitada por uma mente que precisa de ajuda. Considerando todos os benefícios que podem ser alcançados ao procurar um profissional e seguir a proposta feita por ele com comprometimento, esse desconforto inicial não terá tanta importância assim no futuro – quando você já estiver se sentindo melhor por causa dessa ótima decisão de cuidar de si mesmo.

Frequentar um bar para se encontrar com os amigos pode ser muito prazeroso – *e concordo muito com isso, pois adoro estar em um bar com os meus amigos*. Porém, não importa quantos copos de cerveja ou churrasquinhos consumir nem quantas histórias engraçadas ouvir ou contar para os seus amigos, provavelmente nada disso sirva de auxílio para lidar com questões mais profundas da mente que o atrapalham. Nossas experiências deixam registros de aprendizagem na mente na forma de memórias que guiam, muitas vezes de forma não consciente, as nossas interpretações e ações no cotidiano. Não é tão simples perceber essas coisas em operação ou modificá-las nem com a ajuda de um profissional, imagine sozinho, ou ainda em uma mesa de bar.

A verdade é que existem dificuldades psicológicas que, enquanto não houver o apoio de alguém preparado para prestar ajuda, podem ser extremamente difíceis de superar. Por tentativa e erro – e muito desgaste –, várias pessoas aprendem a lidar melhor com as suas dificuldades. Esse pode ser um caminho também, mas essa não costuma ser a rota mais rápida, segura e duradoura de amenizá-las. Por isso, pode valer a pena dar uma chance a si mesmo de ser mais feliz, com a ajuda de um psicólogo ou uma psicóloga.

De fato, mudar talvez seja um processo doloroso, lento, irritante, oscilante e difícil. Mexer com o íntimo pode revelar coisas pouco agradáveis, coisas com as quais você possa ter até familiaridade, só que preferiu jogar em algum penhasco dentro da mente e torcer para depois desaparecer de lá, mas algumas coisas são blindadas contra penhascos mentais. A mudança também tende a ser especialmente complicada quando há uma tentativa de realizá-la em si mesmo sem a ajuda de ninguém. É comum as pessoas se frustrarem quando seguem por esse caminho e depois podem ficar empurrando as próprias dificuldades com a barriga em vez de fazer algo mais efetivo para mudar as coisas. É melhor aproveitar todo o bem-estar a mais que você pode viver diariamente ao se conhecer melhor e ao superar algumas dificuldades com a ajuda de alguém preparado para isso.

Um ser humano especial

Cada indivíduo é único entre os mais de 7 bilhões de seres humanos que existem na Terra atualmente, parte de uma espécie dentre cerca de 8 milhões que existem no planeta. A Terra é um dos oito planetas orbitando uma estrela, a qual optamos por chamar de Sol. Ela é uma estrela entre 200 e 400 bilhões de estrelas que compõem a galáxia conhecida como Via Láctea. E a Via Láctea é uma das três galáxias que compõem o quadrante local. Se considerar todos os quadrantes, existem mais de dois trilhões de aglomerados de estrelas e planetas no universo observável. Tudo isso mostra o quão vasto é o universo e o quão pequeno é o planeta Terra quando analisado sob essa perspectiva.

Por muito tempo, os seres humanos achavam que eram o centro do universo. Hoje em dia, sabemos que esse pensamento seria parecido com o de uma formiga que se achasse o centro da Floresta Amazônica. Pensar em toda essa vastidão pode fazer alguém se sentir pequeno, mas isso não precisa nos levar a uma melancolia existencial se aprendermos a deixar de lado o "narcisismo intergaláctico" que muitos de nós herdamos da idade média. Eu não sei você, mas não acho que precisamos estar no centro do "palco" do universo para entendermos qual é a nossa importância. Somos tudo o que temos na imensidão do universo e isso já mostra como a existência da nossa espécie é uma das coisas mais preciosas que pode existir para nós mesmos. Aqui, no nosso cantinho da Via Láctea, nós sabemos que existe vida e que ela é complexa, única e frágil. A nossa espécie tem hoje poder o suficiente para exterminar ou preservar uma boa parte da vida que possuímos aqui, o que realça o quão importante será a maneira como vamos nos tratar no futuro e como trataremos as outras formas de vida que compartilham deste planeta conosco.

Além disso, sabe o que também é extremamente complexo e único nesse universo tão vasto? Cada indivíduo. É possível afirmar isso com confiança sem conhecer todas as pessoas e sem ser falso – e ao mesmo tempo. Não existe nenhuma outra pessoa com um DNA que se expresse igualzinho ao de outra pessoa, com que tenham as impressões digitais ou a íris iguais, mesmo que sejam gêmeos. Essa exclusividade também se aplica à parte psicológica, visto que a configuração geral de traços, preferências, habilidades e trejeitos que melhor caracterizam alguém provavelmente não se encaixam perfeitamente com a de ninguém. Tudo bem, cada um pode até ter um *doppelgänger* – uma pessoa que não possui nenhum vínculo familiar com outra, mas que é quase idêntica a ela, não apenas fisicamente, mas pode ter uma personalidade parecida também. *Eu já descobri que existem uns dois doppelgängers meus por aí, inclusive um que mora na minha cidade.* Talvez existam mesmo algumas pessoas bem parecidas entre si, mas mesmo assim dificilmente elas serão idênticas. Fisicamente é mais fácil se parecerem, agora, quando a parte psicológica entra em jogo, fica bem difícil haver uma sobreposição perfeita.

Sendo um ser humano tão único como você é, eu fico aqui me perguntando do que será que você é capaz de ser que ainda não é, que ainda não sabe que é e do que deve ser capaz de fazer que ainda não fez. Qual será o limite do que você pode alcançar e do que pode fazer? Tudo que sei é que você faz parte de uma espécie extremamente recente neste planeta e que ela tem uma enorme capacidade de surpreender qualquer expectativa e mudar para se adaptar. Às vezes, de forma mais lenta, outras, de forma surpreendentemente rápida, mas o potencial para a mudança sempre existe dentro de cada um de nós. Por isso, não dê ouvidos quando alguém lhe disser que você não é capaz de mudar algo sobre si mesmo e desconfie quando tentarem convencê-lo disso. Afinal, quem pode dizer qual é o limite do potencial de alguém? Quem pode dizer qual é o limite do seu potencial?

O cérebro é capaz de se rearranjar constantemente ao longo da vida para permitir que o ser humano se adapte a mudanças em seu meio. Essa capacidade permite que qualquer ser humano se reinvente, invente e busque o seu progresso de diferentes formas. Porém, mudar, especialmente no caso daqueles hábitos que já estão muito bem arraigados na mente, pode ser difícil. Querer mudar é ótimo, embora não seja o suficiente para garantir que isso ocorra. Então, não é como se você fosse conseguir mudar a si mesmo com uma grande facilidade usando qualquer método por aí. Felizmente, a psicologia existe e pode auxiliar você a mudar por meio de seus vastos conhecimentos acumulados ao longo dos últimos 140 anos e de seus profissionais. Ficar somente mentalizando o que gostaria de ser, provavelmente não vai ajudar muito, mas se engajar em ações concretas e que possuem um bom embasamento, tal como marcar uma consulta com um psicólogo ou uma psicóloga, é um caminho promissor.

Seria um prazer dizer a todas as pessoas qual seria a melhor forma de elas melhorarem algum aspecto da personalidade que gostariam de mudar, mas como cada um é único, isso se torna inviável. A depender das circunstâncias e da história de vida, dos recursos, da cultura e da personalidade de cada indivíduo, por exemplo, seria possível recomendar coisas completamente diferentes. Por isso um psicólogo pode fazer toda a diferença, visto que ele vai poder juntar todas essas informações específicas e encontrar um meio para ajudar a pessoa a progredir.

Vale a pena a pessoa refletir também se realmente precisa mudar aquilo que deseja. Talvez essa vontade seja mais motivada pelo que outras pessoas querem. Se for uma característica que realmente dificulta muito as coisas na sua vida, é legítimo querer melhorar nesse quesito, como no caso de uma grande instabilidade emocional, que pode ser difícil lidar, mas também pode haver muitas reclamações de características que são simplesmente... características! Pode ser, por exemplo, que os pais de uma pessoa estejam constantemente criticando-a por alguma característica, embora não haja nada de intrinsicamente errado ou problemático com ela. Talvez eles simplesmente não gostem dessa característica e têm dificuldade de aceitá-la. É mais difícil para a pessoa mudar aquilo que não faz sentido para si mesma, então é importante se certificar e avaliar de onde vêm essas insatisfações.

Uma coisa que acho impressionante é que todas essas capacidades humanas que você e eu utilizamos diariamente, tais como as de aprender e mudar, resultam de processos extremamente complexos, rápidos e minúsculos que tomam lugar nas profundezas de um órgão do nosso corpo. Você já parou para pensar no quão estranho é o fato de que a sua consciência surge a partir do funcionamento de um amontoado de gordura e células que existe dentro da sua cabeça, e que os átomos que o compõem já fizeram parte de uma estrela que existiu há muito tempo? É surpreendente que, a partir da poeira de estrelas que morreram, tenham surgido, depois de bilhões de anos, duas pessoas como eu e você, cada uma com tantas preferências e anseios como nós temos.

Tantas coisas aconteceram e poderiam ter acontecido para que não tivéssemos chegado até aqui, e mesmo assim, aqui estamos, desbravando o universo, o nosso planeta e as nossas mentes. No nível atômico, somos muito semelhantes a tudo o que existe no universo. No nível biológico, somos muito semelhantes a todas as formas de vida que existem na Terra. No nível psicológico, somos muito semelhantes a todos os nossos primos e primas distantes que fazem parte da espécie humana. Não importa quais sejam as suas crenças, a sua personalidade, a sua nacionalidade, a sua orientação política ou as suas condições financeiras: a origem comum da nossa espécie nos coloca no mesmo barco da existência em meio à tempestade da realidade.

Isso me faz perceber como é valiosa e única a minha oportunidade de estar aqui conversando com você sobre tudo isso, como fui sortudo de poder dedicar tanto tempo da minha vida ao estudo da psicologia e de poder compartilhar muitas das coisas mais legais que aprendi com tantas outras pessoas através deste livro e do meu canal no YouTube. É um prazer para mim estar vivo em uma época como a nossa, cheia de coisas interessantes para se fazer, de lugares maravilhosos para se visitar e de pessoas incríveis para se conhecer. É uma honra compartilhar um pouco da minha existência com a sua e, talvez de alguma forma, ter contribuído para que você a aproveite melhor. Como Carl Sagan (1934-1996) disse, "nós somos uma maneira do Cosmos conhecer a si mesmo". Espero que este livro tenha sido uma maneira de você conhecer mais sobre si mesmo e sobre as outras pessoas, pois aposto que assim conseguirá conviver melhor entre os seres humanos.

Agradecimentos

Sou grato do fundo do coração a várias pessoas maravilhosas que rapidamente aceitaram me ajudar a escrever este livro. Não sei o que seria destas páginas sem elas! Primeiro, quero agradecer a amigos e amigas que não apenas são pessoas muito inteligentes, maravilhosas e muito admiráveis, mas também que, mesmo sem serem da psicologia, ou, talvez, exatamente por isso, me ajudaram a perceber pontos importantes e decisivos no livro. Então, obrigado Beatriz Feijó, Pedro Vasconcelos, Bianca Ruskowski, Vitor Venâncio, Manuela Arrechea, Maíra Nunes, Carolina Ramos e Anna Isabel. Vocês são demais! Como é bom poder contar com amigos maravilhosos como vocês, me sinto muito especial por ter esse privilégio.

Agradeço também aos meus dois parceiros de YouTube, o Pedro Antunes Costa e o Pedro Francisco, vulgo Xicão. Em 2014, os dois toparam me ajudar a profissionalizar a ideia despretensiosa de criar um canal na plataforma para falar de psicologia, neurociência e tantas outras coisas – um tal de Minutos Psíquicos. Nós conseguimos espalhar a mensagem da psicologia para milhões de pessoas e essa é uma conquista que me deixa muito alegre. Um agradecimento extra ao Xicão, que emprestou o seu talento maravilhoso para ilustrar uma capa tão incrível para este livro.

Agradeço à Fernanda Mignot por oferecer a sua *expertise* para garantir que uma parte importante deste livro ficasse impecável, por ter me inspirado a finalizar o livro da melhor forma possível, por me dar ótimas ideias de título para ele e por ser a musa inspiradora da minha vida. Também agradeço a dois especialistas da biologia, o Vitor Valdez Rios e a Patrícia Sanae, que manjam demais de evolução e que tão gentilmente toparam me socorrer para que saísse nenhuma besteira sobre a área deles, o que me deixou muitíssimo satisfeito. Obrigado!

Obviamente, convoquei um poderoso esquadrão de psicólogos e psicólogas da mais alta confiança, admiração e carinho para metralhar o texto inicial. Portanto, os agradecimentos vão para Teresa Clara, Daniel Gontijo, Marcus Vinícius Alves, Raiane Nogueira, Paula Yumi, Vithor Rosa, Dominique Miranda, Raquel Sousa, Lorena Andreoli, Felipe Novaes, Laís Melo, Juliana Porto, Renan Saraiva, Victor Keller, Ronald Fischer, Sergio Nascimento, Fernando Miranda, Lara Souza e Daniel Barbieri pelas suas ótimas sugestões que tanto ajudaram a melhorar a qualidade do livro. Que sorte eu tive de poder contar com pessoas tão preparadas, inteligentes e sensíveis!

Sou grato também ao meu pai, Geraldo, que infelizmente não teve a oportunidade de ler este livro, pois a sua existência foi interrompida há poucos meses por um problema em seu coração. Aprendi com ele a importância de ser alguém gentil, bem-humorado e perseverante. Também aprendi que, às vezes, é importante dar mais ouvido ao nosso próprio coração do que aos conselhos dos nossos pais, algo que fiz, assim como ele fez quando era mais novo, de uma forma muito mais ousada, e que certamente valeu muito para nós dois. É uma pena não ter mais nenhuma chance de compartilhar essa conquista com ele da maneira que eu imaginava, mas a vida segue os seus próprios rumos e eles nem sempre batem com os cronogramas que planejamos.

O meu maior agradecimento vai para a pessoa que mais influenciou na escrita deste livro, já que foi a responsável, junto ao meu pai, pelo surgimento daquele que o escreveu: Margareth, minha mãe. Sem o seu amor incondicional, atenção, suporte financeiro e paciência, eu não teria conseguido me dedicar tanto aos estudos quanto me dediquei e talvez nunca tivesse escrito estas páginas, o que seria muito chato. Obrigado por ter estimulado tanto a minha curiosidade e imaginação. Sem isso eu talvez não tivesse depois me interessado tanto pela ciência na adolescência e não estaria fazendo as coisas que eu tanto amo fazer, como falar de ciência. Eu sou muito privilegiado por ter tido uma mãe maravilhosa como você! Este livro é dedicado a você e ao meu pai.

Referências

CAPÍTULO 1
De onde vieram e o que são os seres humanos?

No início deste livro, tratou-se do surgimento da espécie humana. Para isso, foi preciso recorrer aos conhecimentos da biologia, da arqueologia, da psicologia evolucionista e da antropologia para poder explicar como o ser humano evoluiu e como isso determinou o seu comportamento atualmente. Também foram demonstradas as relações que existem entre a evolução, os genes, a cultura e os processos grupais que, ao longo da História, foram se tornando cada vez mais complexos.

Para aprofundar os estudos e facilitar sua pesquisa sobre esse assunto, é importante conhecer alguns termos em inglês, como: *evolution*, *human evolution*, *gene-culture coevolution*, *evolutionary mismatch*, *evolutionary psychology* e *adaptive memory*. No canal do YouTube Minutos Psíquicos é possível assistir a alguns vídeos sobre evolução, intolerância à lactose, genes, DNA e medo que podem complementar o estudo do tema. Na sequência, há uma lista de alguns trabalhos científicos, matérias jornalísticas e páginas da internet que apresentam detalhadamente os mesmos tópicos explorados no capítulo.

Idade da Terra

- DALRYMPLE, G. B. The age of the Earth in the twentieth century: a problem (mostly) solved. **Geological Society of London Publications**, London, v. 190, n. 1, p. 205–221, Jan. 2001. DOI 10.1144/GSL.SP.2001.190.01.14. Disponível em: https://doi.org/10.1144/GSL.SP.2001.190.01.14. Acesso em: 6 mar. 2021. Trad.: Laura Teixeira Motta.

Evolução

- DAWKINS, R. **O maior espetáculo da Terra**: as evidências da evolução. São Paulo: Companhia das Letras, 2009. Página não encontrada em agosto de 2021.
- GEE, H.; HOWLETT, R.; CAMPBELL, P. 15 evolutionary gems. **Nature**. 2009. DOI 10.1038/nature07740. Disponível em: https://doi.org/10.1038/nature07740.
- LOPES, R. J.; PIRULA. **Darwin sem frescura**: como a ciência evolutiva ajuda a explicar algumas polêmicas da atualidade. Rio de Janeiro: HarperCollins, 2019.

Vacinas

- PHADKE, V. K. *et al*. Association between vaccine refusal and vaccine-preventable diseases in the United States: a review of measles and pertussis. **JAMA**, [*S. l.*], v. 315, n. 11, p. 1149–1158, Mar. 2016. DOI 10.1001/jama.2016.1353. Disponível em: https://doi.org/10.1001/jama.2016.1353. Acesso em: 6 mar. 2021.

Dedos das mãos

- BEBÊ chinês nasce com 31 dedos. **Revista Veja**. São Paulo, 04 maio 2016. Disponível em: https://veja.abril.com.br/saude/bebe-chines-nasce-com-31-dedos/. Acesso em: 6 mar. 2021.

Descompasso evolutivo

- LI, N. P.; VAN VUGT, M.; COLARELLI, S. M. The Evolutionary Mismatch Hypothesis: Implications for Psychological Science. **Current Directions in Psychological Science**, [S. l.], v. 27, n. 1, p. 38–44, Feb. 2018. DOI 10.1177/0963721417731378. Disponível em: https://doi.org/10.1177/0963721417731378. Acesso em: 6 mar. 2021.

Origem do *Homo sapiens* moderno

- HUBLIN, J. J. *et al.* New fossils from Jebel Irhoud, Morocco and the pan-African origin of Homo sapiens. **Nature**, [S. l.], v. 546, n. 7657, p. 289–292, June 2017. DOI 10.1038/nature22336. Disponível em: https://doi.org/10.1038/nature22336. Acesso em: 6 mar. 2021.

- STRINGER, C.; GALWAY-WITHAM, J. On the origin of our species. **Nature**, [S. l.], v. 546, p. 212–214, June 2017. DOI 10.1038/546212a. Disponível em: https://doi.org/10.1038/546212a. Acesso em: 6 mar. 2021.

- BROOKS, A. S. *et al.* Long-distance stone transport and pigment use in the earliest Middle Stone Age. **Science**, [S. l.], v. 360, n. 6384, p. 90–94, Apr. 2018. DOI 10.1126/science.aao2646. Disponível em: https://doi.org/10.1126/science.aao2646. Acesso em: 6 mar. 2021.

- YONG, E. A Cultural Leap at the Dawn of Humanity. **The Atlantic**, [Boston], Mar. 15, 2018. Disponível em: www.theatlantic.com/science/archive/2018/03/a-deeper-origin-of-complex-human-cultures/555674/. Acesso em: 6 mar. 2021.

- HARMAND, S. *et al.* 3.3-million-year-old stone tools from Lomekwi 3, West TURKANA, Kenya. **Nature**, [S. l.] v. 521, n. 7552, p. 310–315, May 2015. DOI 10.1038/nature14464. Disponível em: https://doi.org/10.1038/nature14464. Acesso em: 6 mar. 2021.

- WURZ, S. The transition to modern behavior. **Nature Education Knowledge**, [S. l.], v. 3, n. 10, p. 15, 2012.
- WADLEY, L.; HODGSKISS, T.; GRANT, M. From the Cover: Implications for complex cognition from the hafting of tools with compound adhesives in the Middle Stone Age, South Africa. **Proceedings of the National Academy of Sciences of the United States of America**, [S. l.], v. 106, n. 24, p. 9590–9594, 2009. DOI 10.1073/pnas.0900957106. Disponível em: https://doi.org/10.1073/pnas.0900957106. Acesso em: 6 mar. 2021.
- PAGEL, M. Q&A: What is human language, when did it evolve and why should we care? **BMC Biology**, [S. l.], v. 15, n. 1, p. 64, 2017. DOI 10.1186/s12915-017-0405-3. Disponível em: https://doi.org/10.1186/s12915-017-0405-3. Acesso em: 6 mar. 2021.
- WHITEN, A.; ERDAL, D. The human socio-cognitive niche and its evolutionary origins. **Philosophical Transactions of the Royal Society of London, Series B, Biological Sciences**, [S. l.], v. 367, n. 1599, p. 2119–2129, Aug. 2012. DOI 10.1098/rstb.2012.0114. Disponível em: https://doi.org/10.1098/rstb.2012.0114. Acesso em: 6 mar. 2021.
- BALTER, M. Human language may have evolved to help our ancestors make tools. **Science**, [S. l.], Jan. 13, 2015. Disponível em: www.sciencemag.org/news/2015/01/human-language-may-have-evolved-help-our-ancestors-make-tools. Acesso em: 6 mar. 2021.
- WHAT the use of ochre tells us about the capabilities of our African ancestry. **The Conversation**, [S. l.], Sep. 7, 2015. Disponível em: https://theconversation.com/what-the-use-of-ochre-tells-us-

about-the-capabilities-of-our-african-ancestry-47081. Acesso em: 6 mar. 2021.
- EARLIEST music instruments found. **BBC News**, [S. l.], May 25, 2012. Disponível em: www.bbc.com/news/science-environment-18196349. Acesso em: 6 mar. 2021.
- KENNEDY, M. 44,000-Year-Old Indonesian Cave Painting Is Rewriting The History Of Art. **NPR**, [S. l.] Dec. 11, 2019. Disponível em: www.npr.org/2019/12/11/786760790/44-000-year-old-indonesian-cave-painting-is-rewriting-the-history-of-art. Acesso em: 6 mar. 2021.

Divergência entre nós e os *Homo neanderthalensis*
- MEYER, M. *et al.* Nuclear DNA sequences from the Middle Pleistocene Sima de los Huesos hominins. **Nature**, [S. l.], v. 531, p. 504–507, 2016. DOI 10.1038/nature17405. Disponível em: https://doi.org/10.1038/nature17405. Acesso em: 6 mar. 2021.

Göbekli Tepe
- CURRY, A. Göbekli Tepe: The World's First Temple? **Smithsonian Magazine**, [S. l.], Nov. 2008. Disponível em: www.smithsonianmag.com/history/gobekli-tepe-the-worlds-first-temple-83613665/. Acesso em: 6 mar. 2021.

Mortes no trânsito
- A cada 1 hora, 5 pessoas morrem em acidentes de trânsito no Brasil, diz Conselho Federal de Medicina. **G1**, [S. l.], 23 maio 2019. Disponível em: autoesporte.globo.com/videos/noticia/2019/05/a-cada-1-hora-5-pessoas-morrem-em-acidentes-de-transito-no-brasil-diz-conselho-federal-de-medicina.ghtml>. Acesso em: 6 mar. 2021.

Medo de aviões

- DUCHARME, J. Why Some People Have a Crippling Fear of Flying – and How They Can Overcome It. **Time**, [S. l.], July 6, 2018. Disponível em: https://time.com/5330978/fear-of-flying-aviophobia/. Acesso em: 6 mar. 2021.
- MOSKVITCH, K. How to beat the fear of flying. **BBC**, [S. l.], Nov. 22, 2016. Disponível em: www.bbc.com/future/article/20161121-how-to-beat-the-fear-of-flying. Acesso em: 6 mar. 2021.

Cobras e aranhas

- SNAKES. **National Geographic**. Disponível em: www.nationalgeographic.com/animals/reptiles/group/snakes/. Acesso em: 6 mar. 2021.
- WALKER, C. Spider Sense: Fast Facts on Extreme Arachnids. **National Geographic**, [S. l.], June 23, 2004. Disponível em: www.nationalgeographic.com/news/2004/6/spider-sense-fast-facts-on-extreme-arachnids/. Acesso em: 6 mar. 2021.

Reações de bebês a aranhas e cobras

- HOEHL, S. *et al*. Itsy bitsy spider…: infants react with increased arousal to spiders and snakes. **Frontiers in Psychology**, [S. l.] v. 8, p. 1710, 2017. DOI 10.3389/fpsyg.2017.01710. Disponível em: https://doi.org/10.3389/fpsyg.2017.01710. Acesso em: 6 mar. 2021.

Reações de macacos-japoneses a aranhas

- KAWAI, N.; KODA, H. Japanese monkeys (Macaca fuscata) quickly detect snakes but not spiders: Evolutionary origins of fear-relevant animals. **Journal of Comparative Psychology**, [S. l.], v. 130, n. 3, p. 299–303, 2016. DOI 10.1037/com0000032.

Disponível em: https://doi.org/10.1037/com0000032. Acesso em: 6 mar. 2021.

Depressão pós-parto

- HAHN-HOLBROOK, J.; HASELTON, M. Is postpartum depression a disease of modern civilization? **Current Directions in Psychological Science**, [*S. l.*], v. 23, n. 6, p. 395–400, 2014. DOI 10.1177/0963721414547736. Disponível em: https://doi.org/10.1177/0963721414547736. Acesso em: 6 mar. 2021.
- NIMH – National Institute of Mental Health. **Perinatal Depression**. Disponível em: www.nimh.nih.gov/health/publications/perinatal-depression/index.shtml. Acesso em: 6 mar. 2021.

Memória adaptativa

- NAIRNE, J. S.; PANDEIRADA, J. N. Adaptive memory: the evolutionary significance of survival processing. **Perspectives on Psychological Science**, [*S. l.*], v. 11, n. 4, p. 496–511, 2016. DOI 10.1177/1745691616635613. Disponível em: https://doi.org/10.1177/1745691616635613. Acesso em: 6 mar. 2021.

O ato heroico do sargento Sílvio Holenbach

- MORTE de sargento que salvou menino no Zoo completa 40 anos. **Correio Braziliense**, [*S. l.*], 31 ago. 2017. Disponível em: https://www.correiobraziliense.com.br/app/noticia/cidades/2017/08/31/interna_cidadesdf,622536/morte-de-sargento-que-salvou-menino-no-zoo-completa-40-anos.shtml. Acesso em: 6 mar. 2021.

Tríade sombria da personalidade

- MURIS, P. *et al*. The malevolent side of human nature: A meta-analysis and critical review of the literature on the Dark

Triad (narcissism, machiavellianism, and psychopathy). **Perspectives on Psychological Science**, [*S. l.*], v. 12, n. 2, p. 183–204, 2017. DOI 10.1177/1745691616666070. Disponível em: https://doi.org/10.1177/1745691616666070. Acesso em: 6 mar. 2021.

O problema do trapaceiro

- BOYD, R.; RICHERSON, P. J. Culture and the evolution of human cooperation. **Philosophical Transactions of the Royal Society of London, Series B, Biological Sciences**, [*S. l.*], v. 364, n. 1533, p. 3281–3288, 2009. DOI 10.1098/rstb.2009.0134. Disponível em: https://doi.org/10.1098/rstb.2009.0134. Acesso em: 6 mar. 2021.

- BOYD, R. *et al.* The evolution of altruistic punishment. **Proceedings of the National Academy of Sciences**, [*S. l.*], v. 100, n. 6, p. 3531–3535, 2003. DOI 10.1073/pnas.0630443100. Disponível em: https://doi.org/10.1073/pnas.0630443100. Acesso em: 6 mar. 2021.

- SHINADA, M.; YAMAGISHI, T. Punishing free riders: Direct and indirect promotion of cooperation. **Evolution and Human Behavior**, [*S. l.*], v. 28, n. 5, p. 330–339, 2007. DOI 10.1016/j.evolhumbehav.2007.04.001. Disponível em: https://doi.org/10.1016/j.evolhumbehav.2007.04.001. Acesso em: 6 mar. 2021.

Coevolução gene-cultura

- GINTIS, H. Gene-culture coevolution and the nature of human sociality. **Philosophical transactions of the Royal Society of London. Series B, Biological Sciences**, [*S. l.*], v. 366, n. 1566, p. 878–888, 2011. DOI 10.1098/rstb.2010.0310. Disponível em: https://doi.org/10.1098/rstb.2010.0310. Acesso em: 6 mar. 2021.

- RICHERSON, P. J. & BOYD, R. **Not by genes alone: How culture transformed human evolution**. Chicago: University of Chicago Press, 2005.

O que nos diferencia de outros seres vivos

- TOMASELLO, M.; HERRMANN, E. Ape and human cognition: what's the difference? **Current Directions in Psychological Science**, [S. l.], v. 19, n. 1, p. 3–8, 2010. DOI 10.1177/0963721409359300. Disponível em: https://doi.org/10.1177/0963721409359300. Acesso em: 6 mar. 2021.
- HOGENBOOM, M. Humans are nowhere near as special as we like to think. **BBC**, [S. l.], July 3, 2015. Disponível em: www.bbc.com/earth/story/20150706-humans-are-not-unique-or-special. Acesso em: 6 mar. 2021.
- RUTHERFORD, A. The human league: what separates us from other animals? **The Guardian**. Sep. 21, 2018. Disponível em: www.theguardian.com/books/2018/sep/21/human-instinct-why-we- are-unique. Acesso em: 6 mar. 2021.
- ANANTHASWAMY, A. What separates us from other animals? **New Scientist**, [S. l.], Jan. 22, 2014. Disponível em: https://www.newscientist.com/article/mg22129531-300-feedback-and-then-there-were-lawyers/>. Acesso em: 6 mar. 2021.
- CIENTISTAS descobrem ave que inventou ferramenta para alcançar presas. **BBC**, Brasil, 28 jan. 2018. Disponível em: www.bbc.com/portuguese/geral-42809045. Acesso em: 6 mar. 2021.

Koko

- PERLMAN, M.; CLARK, N. Learned vocal and breathing behavior in an enculturated gorilla. **Animal Cognition**, [S. l.], v. 18, p. 1165–1179, 2015. DOI 10.1007/s10071-015-0889-6.

Disponível em: https://doi.org/10.1007/s10071-015-0889-6. Acesso em: 6 mar. 2021.
- HOGENBOOM, M. Has Koko the gorilla really learnt to talk? **BBC**, [*S. l.*], Aug. 21, 2015. Disponível em: www.bbc.com/earth/story/20150820-can-this-gorilla-talk. Acesso em: 6 mar. 2021.

CAPÍTULO 2
O que os seres humanos desejam?

O segundo capítulo descreve as necessidades biológicas e psicológicas básicas do ser humano e outros assuntos relacionados a isso. A ***área*** centrada no estudo das necessidades do ser humano ***é a psicologia social***, mas a psicologia clínica, a psicologia evolucionista e a psiquiatria também apresentam relação com o capítulo.

A principal referência para todos os transtornos mentais mencionados, tanto neste capítulo 2, como no restante do livro, é a 5ª edição do *Manual Estatístico e Diagnóstico de Transtornos Mentais* (DSM). Para aprofundar os estudos e facilitar sua pesquisa sobre esse assunto, é importante conhecer alguns termos em inglês, como: *basic motives, need to belong, need for control, need for accuracy, meaning in life, depression, anxiety* e *paranoia*. No canal do YouTube Minutos Psíquicos é possível assistir a alguns vídeos sobre depressão, ansiedade, solidão, sentido na vida, paranoia e crises existenciais que podem complementar o estudo do tema. Na sequência, há uma lista de alguns trabalhos científicos, matérias jornalísticas e páginas da internet que apresentam detalhadamente os mesmos tópicos explorados no capítulo.

Necessidades básicas

- RYAN, R. M.; DECI, E. L. The darker and brighter sides of human existence: Basic psychological needs as a unifying concept. **Psychological Inquiry**, [S. l.], v. 11, n. 4, p. 319–338, 2000.
- SCHALLER, M. *et al.* Evolution and human motivation: a fundamental motives framework. **Social and Personality Psychology Compass**, [S. l.], v. 11, n. 6, e12319, 2017. DOI 10.1111/spc3.12319. Disponível em: https://doi.org/10.1111/spc3.12319. Acesso em: 6 mar. 2021.
- FISKE, S. T. **Social beings: core motives in social psychology**. 2nd ed. Hoboken: Wiley, 2010. 720 p.
- Necessidade de vínculo
- BAUMEISTER, R. F. Need-to-belong theory. *In*: VAN LANGE, P. A. M.; KRUGLANSKI, A. W.; HIGGINS, E. T. (eds.). **Handbook of theories of social psychology**. London: Sage, 2012. p. 121–140.
- CARVALLO, M.; GABRIEL, S. No man is an island: the need to belong and dismissing avoidant attachment style. **Personality & Social Psychology Bulletin**, [S. l.], v. 32, n. 5, p. 697–709, 2006. DOI 10.1177/0146167205285451. Disponível em: https://doi.org/10.1177/0146167205285451. Acesso em: 6 mar. 2021.
- HIRSCH, J. L.; CLARK, M. S. Multiple paths to belonging that we should study together. **Perspectives on Psychological Science**, [S. l.], v. 14, n. 2, p. 238–255, 2019. DOI 10.1177/1745691618803629. Disponível em: https://doi.org/10.1177/1745691618803629. Acesso em: 6 mar. 2021.
- HOLT-LUNSTAD, J. Why social relationships are important for physical health: a systems approach to understanding and modifying risk and protection. **Annual Review of Psychology**, [S. l.], v. 69, n. 1, p. 437–458, 2018. DOI 10.1146/annurev-

psych-122216-011902. Disponível em: https://doi.org/10.1146/annurev-psych-122216-011902. Acesso em: 6 mar. 2021.

Impactos da solidão

- CACIOPPO, S. *et al.* Loneliness: Clinical import and interventions. **Perspectives on Psychological Science**, [S. l.], v. 10, n. 2, p. 238–249, 2015. DOI 10.1177/1745691615570616. Disponível em: https://doi.org/10.1177/1745691615570616. Acesso em: 6 mar. 2021.

- CACIOPPO, J. T. *et al.* Social isolation. **Annals of the New York Academy of Sciences**, [S. l.], v. 1231, p. 17–22, 2011. DOI 10.1111/j.1749-6632.2011.06028.x. Disponível em: https://doi.org/10.1111/j.1749-6632.2011.06028.x. Acesso em: 6 mar. 2021.

Necessidade de controle

- LEOTTI, L. A.; IYENGAR, S. S.; OCHSNER, K. N. Born to choose: The origins and value of the need for control. **Trends in Cognitive Sciences**, [S. l.], v. 14, n. 10, p. 457–463, 2010. DOI 10.1016/j.tics.2010.08.001. Disponível em: https://doi.org/10.1016/j.tics.2010.08.001. Acesso em: 6 mar. 2021.

- UZIEL, L. The intricacies of the pursuit of higher self-control. **Current Directions in Psychological Science**, [S. l.], v. 27, n. 2, p. 79–84, 2018. DOI 10.1177/0963721417744322. Disponível em: https://doi.org/10.1177/0963721417744322. Acesso em: 6 mar. 2021.

Ansiedade

- WOLITZKY-TAYLOR, K. B. *et al.* Anxiety disorders in older adults: A comprehensive review. **Depression and Anxiety**, [S. l.],

- v. 27, n. 2, p. 190–211, 2010. DOI 10.1002/da.20653. Disponível em: https://doi.org/10.1002/da.20653. Acesso em: 6 mar. 2021.
- AMERICAN PSYCHIATRIC ASSOCIATION. **Manual diagnóstico e estatístico de transtornos mentais**: DSM-5. 5. ed. Porto Alegre: Artmed, 2014. Disponível em: www.grupoa.com.br/dsm-5-p990255. Acesso em: 6 mar. 2021.
- CISLER, J. M.; KOSTER, E. H. W. Mechanisms of attentional biases towards threat in anxiety disorders: An integrative review. **Clinical Psychology Review**, [S. l.], v. 30, n. 2, p. 203–216, 2010. DOI 10.1016/j.cpr.2009.11.003. Disponível em: https://doi.org/10.1016/j.cpr.2009.11.003. Acesso em: 6 mar. 2021.
- CLARK, D. A.; BECK, A. T. **Terapia cognitiva para os transtornos de ansiedade**. Porto Alegre: Artmed, 2012.

Compreensão

- KRUGLANSKI, A. W. *et al.* Three decades of lay epistemics: The why, how, and who of knowledge formation. **European Review of Social Psychology**, [S. l.], v. 20, n. 1, p. 146–191, 2009. DOI 10.1080/10463280902860037. Disponível em: https://doi.org/10.1080/10463280902860037. Acesso em: 6 mar. 2021.
- FISKE, S. T. **Social beings: core motives in social psychology**. 2nd ed. Hoboken: Wiley, 2010. 720 p.
- SHERMER, M. **Por que as pessoas acreditam em coisas estranhas**: pseudociência, superstição e outras confusões dos nossos tempos. São Paulo: JSN, 2011.

Autoestima positiva

- GREENBERG, J. Understanding the vital human quest for self-esteem. **Perspectives on Psychological Science**, [S. l.], v. 3,

n. 1, p. 48–55, 2008. Disponível em: https://doi.org/10.1111/j.1745-6916.2008.00061.x. Acesso em: 6 mar. 2021.
- PYSZCZYNSKI, T. *et al.* Why do people need self-esteem? A theoretical and empirical review. **Psychological Bulletin**, [S. l.], v. 130, n. 3, p. 435–468, 2004. DOI 10.1037/0033-2909.130.3.435. Disponível em: https://doi.org/10.1037/0033-2909.130.3.435. Acesso em: 6 mar. 2021.

Sentido na vida

- KING, L. A.; HEINTZELMAN, S. J.; WARD, S. J. Beyond the search for meaning: A contemporary science of the experience of meaning in life. **Current Directions in Psychological Science**, [S. l.], v. 25, n. 4, p. 211–216, 2016. DOI 10.1177/0963721416656354. Disponível em: https://doi.org/10.1177/0963721416656354. Acesso em: 6 mar. 2021.
- MARTELA, F.; STEGER, M. F. The three meanings of meaning in life: Distinguishing coherence, purpose, and significance. **Journal of Positive Psychology**, [S. l.], v. 11, n. 5, p. 531–545, 2016. DOI 10.1080/17439760.2015.1137623. Disponível em: https://doi.org/10.1080/17439760.2015.1137623. Acesso em: 6 mar. 2021.

Doenças cardiovasculares:

- WHO – World Health Organization. **Cardiovascular Diseases**. Disponível em: www.who.int/health-topics/cardiovascular-diseases. Acesso em: 6 mar. 2021.

Depressão

- AMERICAN PSYCHIATRIC ASSOCIATION. **Manual diagnóstico e estatístico de transtornos mentais**: DSM-5. 5. ed.

Porto Alegre: Artmed, 2014. Disponível em: https://www.grupoa.com.br/dsm-5-p990255. Acesso em: 6 mar. 2021.
- BECK, A. T.; BREDEMEIER, K. A unified model of depression: Integrating clinical, cognitive, biological, and evolutionary perspectives. **Clinical Psychological Science**, [*S. l.*], v. 4, n. 4, p. 596–619, 2016. DOI 10.1177/2167702616628523. Disponível em: https://doi.org/10.1177/2167702616628523. Acesso em: 6 mar. 2021.
- DANTZER, R. *et al.* From inflammation to sickness and depression: When the immune system subjugates the brain. **Nature Reviews Neuroscience**, [*S. l.*], v. 9, p. 46–56, 2008. DOI 10.1038/nrn2297. Disponível em: https://doi.org/10.1038/nrn2297. Acesso em: 6 mar. 2021.

CAPÍTULO 3
Posso confiar em seres humanos?

Neste capítulo, a intenção era de falar de várias coisas que estão relacionadas à confiança em outras pessoas. Isso inclui tópicos tão diversos, como confiança, mentiras, emoções, infidelidade, o modo de formar impressões dos outros, o funcionamento dos grupos, a moralidade entre outros. As duas áreas da psicologia que estão mais relacionadas à maioria desses tópicos são a psicologia social, a psicologia evolucionista, a psicologia clínica e a psicologia política. Alguns termos em inglês que vão ser úteis caso queira se aprofundar são: *lie detecion, morality, microexpressions, impression formation, jealousy, evolution of religion, power, psychopathy* e *dishonesty*. Alguns vídeos do canal Minutos Psíquicos que complementarão esse assunto são os que tratam sobre poder, desonestidade, emoções, infidelidade, ciúme e psicopatia. Basta procurar um desses termos lá no perfil do canal no YouTube. A seguir, há alguns trabalhos científicos, matérias jornalísticas e páginas da internet que tratam em maiores detalhes dos tópicos explorados no capítulo.

Confiança

- DUNNING, D.; FETCHENHAUER, D.; SCHLÖSSER, T. Why people trust: Solved puzzles and open mysteries. **Current Directions in Psychological Science**, [S. l.], v. 28, n. 4, p. 366–371, 2019. DOI 10.1177/0963721419838255. Disponível em: https://doi.org/10.1177/0963721419838255. Acesso em: 6 mar. 2021.

- THIELMANN, I.; HILBIG, B. E. The traits one can trust: Dissecting reciprocity and kindness as determinants of trustworthy behavior. **Personality and Social Psychology Bulletin**, [S. l.], v. 41, n. 11, p. 1523–1536, 2015. DOI 10.1177/0146167215600530. Disponível em: https://doi.org/10.1177/0146167215600530. Acesso em: 6 mar. 2021.

- BALLIET, D.; VAN LANGE, P. A. M. Trust, conflict, and cooperation: a meta-analysis. **Psychological Bulletin**, [S. l.], v. 139, n. 5, p. 1090–1112, 2013. DOI 10.1037/a0030939. Disponível em: https://doi.org/10.1037/a0030939. Acesso em: 6 mar. 2021.

Mentira

- GERLACH, P.; TEODORESCU, K.; HERTWIG, R. The truth about lies: a meta-analysis on dishonest behavior. **Psychological Bulletin**, [S. l.], v. 145, n. 1, p. 1–44, 2019. DOI

10.1037/bul0000174. Disponível em: https://doi.org/10.1037/bul0000174. Acesso em: 6 mar. 2021.

- BHATTACHARJEE, Y. Why we lie: the science behind our deceptive ways. **National Geographic**. Disponível em: www.nationalgeographic.com/magazine/article/lying-hoax-false-fibs-science. Acesso em: 6 mar. 2021.

- JACOBSEN, C.; FOSGAARD, T. R.; PASCUAL-EZAMA, D. Why do we lie? A practical guide to the dishonesty literature. **Journal of Economic Surveys**, [S. l.], v. 32, n. 2, p. 357–387, 2018. DOI 10.1111/joes.12204. Disponível em: https://doi.org/10.1111/joes.12204. Acesso em: 6 mar. 2021.

- MANN, H. *et al*. Everybody else is doing it: exploring social transmission of lying behavior. **PLoS ONE**, [S. l.], v. 9, n. 10, e109591, 2014. DOI 10.1371/journal.pone.0109591. Disponível em: https://doi.org/10.1371/journal.pone.0109591. Acesso em: 6 mar. 2021.

- ROBSON, D. The best (and worst) ways to spot a liar. **BBC**, [S. l.], Sep. 6, 2015. Disponível em: www.bbc.com/future/article/20150906-the-best-and-worst-ways-to-spot-a-liar. Acesso em: 6 mar. 2021.

- ADELSON, R. Detecting deception. **American Psychological Association**, [S. l.], v. 35, n. 7, p. 70, July/Aug. 2004. Disponível em: www.apa.org/monitor/julaug04/detecting. Acesso em: 6 mar. 2021.

- STEINHILBER, B. How to tell if someone is lying to you, according to researchers. **NBC**, [S. l.], Aug. 15, 2017. Disponível em: www.nbcnews.com/better/health/how-tell-if-someone-lying-according-behavioral-experts-ncna786326. Acesso em: 6 mar. 2021.

Emoções e microexpressões

- EKMAN, P. What scientists who study emotion agree about. **Perspectives on Psychological Science**, [S. l.], v. 11, n. 1, p. 31–34, 2016. DOI 10.1177/1745691615596992. Disponível em: https://doi.org/10.1177/1745691615596992. Acesso em: 6 mar. 2021.

- SAUTER, D. A. *et al.* Cross-cultural recognition of basic emotions through nonverbal emotional vocalizations. **Proceedings of the National Academy of Sciences**, [S. l.], v. 107, n. 6, p. 2408–2412, 2010. DOI 10.1073/pnas.0908239106. Disponível em: https://doi.org/10.1073/pnas.0908239106. Acesso em: 6 mar. 2021.

- MESQUITA, B.; FRIJDA, N. H. Cultural variations in emotions: a review. **Psychological Bulletin**, *[S. l.]*, v. 112, n. 2, p. 179–204, 1992. DOI 10.1037/0033-2909.112.2.179. Disponível em: https://doi.org/10.1037/0033-2909.112.2.179. Acesso em: 6 mar. 2021.

- FRANK, M.G.; SVETIEVA, E. Microexpressions and deception. *In*: Mandal M., Awasthi A. (eds.) **Understanding facial expressions in communication**. New Delhi: Springer, 2015. DOI 10.1007/978-81-322-1934-7_11. Disponível em: https://doi.org/10.1007/978-81-322-1934-7_11. Acesso em: 6 mar. 2021.

- BARROS, D. M. **O lado bom do lado ruim**. Rio de Janeiro: Sextante, 2020.

Ciúme

- LEAHY, R. L. **A Cura do ciúme**: aprenda a confiar, supere a possessividade e salve seu relacionamento. Porto Alegre: Artmed, 2019. Disponível em: www.grupoa.com.br/eb-a-cura-do-ci-

ume9788582715567-p1005628?tsid=34. Acesso em: 6 mar. 2021.
- SHACKELFORD, T. K. *et al.* Romantic jealousy in early adulthood and in later life. **Human Nature**, [*S. l.*], v. 15, p. 283–300, 2004. DOI 10.1007/s12110-004-1010-z . Disponível em: https://doi.org/10.1007/s12110-004-1010-z. Acesso em: 6 mar. 2021.
- CHIN, K. *et al.* The dark side of romantic jealousy. **Personality and Individual Differences**, [*S. l.*], v. 115, p. 23–29, 2017. DOI 10.1016/j.paid.2016.10.003. Disponível em: https://doi.org/10.1016/j.paid.2016.10.003. Acesso em: 6 mar. 2021.
- BUSS, D. M.; HASELTON, M. The evolution of jealousy. **Trends in Cognitive Sciences**, [*S. l.*], v. 9, n. 11, p. 506–507, 2005. DOI 10.1016/j.tics.2005.09.006. Disponível em: https://doi.org/10.1016/j.tics.2005.09.006. Acesso em: 6 mar. 2021.

Comunicação empática
- DEL PRETTE, A.; DEL PRETTE, Z. A. P. **Psicologia das relações interpessoais**: vivências para o trabalho em grupo. 11. ed. Rio de Janeiro: Vozes, 2014.

Formação de impressões
- ULEMAN, J. S.; ADIL SARIBAY, S.; GONZALEZ, C. M. Spontaneous inferences, implicit impressions, and implicit theories. **Annual Review of Psychology**, [*S. l.*], v. 59, n. 1, p. 329–360, 2008. DOI 10.1146/annurev.psych.59.103006.093707. Disponível em: https://doi.org/10.1146/annurev.psych.59.103006.093707. Acesso em: 6 mar. 2021.
- ARONSON, E.; WILSON, T. D.; AKERT, R. M. **Psicologia social**. 9. ed. São Paulo: LTC, 2015.

Paranoia

- TROTTA, A.; KANG, J.; STAHL, D.; YIEND, J. Interpretation bias in paranoia: a systematic review and meta-analysis. **Clinical Psychological Science**, [S. l.], v. 9, n. 1, p. 3–23, 2021. DOI 10.1177/2167702620951552. Disponível em: https://doi.org/10.1177/2167702620951552. Acesso em: 6 mar. 2021.

- RAIHANI, N. J.; BELL, V. An evolutionary perspective on paranoia. **Nature Human Behavior**, [S. l.], v. 3, p. 114–121, 2019. DOI 10.1038/s41562-018-0495-0. Disponível em: https://doi.org/10.1038/s41562-018-0495-0. Acesso em: 6 mar. 2021.

- AMERICAN PSYCHIATRIC ASSOCIATION. **Manual diagnóstico e estatístico de transtornos mentais**: DSM-5. 5. ed. Porto Alegre: Artmed, 2014. Disponível em: www.grupoa.com.br/dsm-5-p990255. Acesso em: 6 mar. 2021.

Grupos

- YZERBYT, V.; DEMOULIN, S. Intergroup relations. *In*: FISKE, S. T.; GILBERT, D. T.; GARDNER, L. **Handbook of Social Psychology**. Hoboken: Wiley, 2010. DOI 10.1002/9780470561119. Disponível em: https://doi.org/10.1002/9780470561119.socpsy002028. Acesso em: 6 mar. 2021.

- DOVIDIO, J. F.; GAERTNER, S. L. Intergroup bias. *In*: FISKE, S. T.; GILBERT, D. T.; GARDNER, L. **Handbook of Social Psychology**. Hoboken: Wiley, 2010. DOI 10.1002/9780470561119.socpsy002029. Disponível em: https://doi.org/10.1002/9780470561119.socpsy002029. Acesso em: 6 mar. 2021.

- ARONSON, E.; WILSON, T. D.; AKERT, R. M. **Psicologia social**. 9. ed. São Paulo: LTC, 2015.

Moralidade e religião

- BLOOM, P. Religion, morality, evolution. **Annual Review of Psychology**, [S. l.], v. 63, n. 1, p. 179-199, 2012. DOI 10.1146/annurev-psych-120710-100334. Disponível em: https://doi.org/10.1146/annurev-psych-120710-100334. Acesso em: 6 mar. 2021.

- MCKAY, R.; WHITEHOUSE, H. Religion and morality. **Psychological Bulletin**, [S. l.], v. 141, n. 2, p. 447–473, 2015. DOI 10.1037/a0038455. Disponível em: https://doi.org/10.1037/a0038455. Acesso em: 6 mar. 2021.

- HAIDT, J.; KESEBIR, S. Morality. *In*: FISKE, S. T.; GILBERT, D. T.; GARDNER, L. **Handbook of Social Psychology**. Hoboken: Wiley, 2010. DOI 10.1002/9780470561119.socpsy002022. Disponível em: https://doi.org/10.1002/9780470561119.socpsy002022. Acesso em: 6 mar. 2021.

- ELLEMERS, N. *et al.* The psychology of morality: a review and analysis of empirical studies published from 1940 through 2017. **Personality and Social Psychology Review**, [S. l.], v. 23, n. 4, p. 332–366, 2019. DOI 10.1177/1088868318811759. Disponível em: https://doi.org/10.1177/1088868318811759. Acesso em: 6 mar. 2021.

Teleologia intuitiva

- KELEMEN, D. Are children "intuitive theists"? Reasoning about purpose and design in nature. **Psychological Science**, [S. l.], v. 15, n. 5, p. 295-301, 2004. DOI 10.1111/j.0956-7976.2004.00672.x. Disponível em: https://doi.org/10.1111/j.0956-7976.2004.00672.x. Acesso em: 6 mar. 2021.

Evolução da religião

- BOYER, P.; BERGSTROM, B. Evolutionary perspectives on religion. **Annual Review of Anthropology**, [S. l.], v. 37, n. 1, p. 111-130, 2008. DOI 10.1146/annurev.anthro.37.081407.085201. Disponível em: https://doi.org/10.1146/annurev.anthro.37.081407.085201. Acesso em: 6 mar. 2021.

- NORENZAYAN, A. *et al.* The cultural evolution of prosocial religions. **Behavioral and Brain Sciences**, p. 1–86, 2014. DOI 10.1017/S0140525X14001356. Disponível em: https://doi.org/10.1017/S0140525X14001356. Acesso em: 6 mar. 2021.

Antropomorfização e o dispositivo de detecção de agência

- WAYTZ, A.; EPLEY, N.; CACIOPPO, J. T. Social cognition unbound: insights Into anthropomorphism and dehumanization. **Current Directions in Psychological Science**, [S. l.], v. 19, n. 1, p. 58–62, 2010. DOI 10.1177/0963721409359302. Disponível em: https://doi.org/10.1177/0963721409359302. Acesso em: 6 mar. 2021.

- EPLEY, N.; WAYTZ, A.; CACIOPPO, J. T. On seeing human: a three-factor theory of anthropomorphism. **Psychological Review**, [S. l.], v. 114, n. 4, p. 864–886, 2007. DOI 10.1037/0033-295X.114.4.864. Disponível em: https://doi.org/10.1037/0033-295X.114.4.864. Acesso em: 6 mar. 2021.

- LANMAN, J. A. On the nature and future of agency detection and religion. **Religion, Brain & Behavior**, [S. l.], v. 9, n. 3, p. 258–260, 2019. DOI 10.1080/2153599X.2018.1453535. Disponível em: https://doi.org/10.1080/2153599X.2018.1453535. Acesso em: 6 mar. 2021.

Traição

- HERTLEIN, K. M.; WETCHLER, J. L.; PIERCY, F. P. Infidelity. **Journal of Couple & Relationship Therapy**, [S. l.], v. 4, n. 2-3, p. 5-16, 2005. DOI 10.1300/J398v04n02_02. Disponível em: https://doi.org/10.1300/J398v04n02_02. Acesso em: 6 mar. 2021.
- ATKINS, D. C.; BAUCOM, D. H.; JACOBSON, N. S. Understanding infidelity: correlates in a national random sample. **Journal of Family Psychology**, [S. l.], v. 15, n. 4, p. 735-749, 2001. DOI 10.1037/0893-3200.15.4.735. Disponível em: https://doi.org/10.1037/0893-3200.15.4.735. Acesso em: 6 mar. 2021.

Desonestidade

- GERLACH, P.; TEODORESCU, K.; HERTWIG, R. The truth about lies: a meta-analysis on dishonest behavior. **Psychological Bulletin**, [S. l.], v. 145, n. 1, p. 1-44, 2019. DOI 10.1037/bul0000174. Disponível em: https://doi.org/10.1037/bul0000174. Acesso em: 6 mar. 2021.
- GINO, F.; ARIELY, D. The dark side of creativity: original thinkers can be more dishonest. **Journal of Personality and Social Psychology**, [S. l.], v. 102, n. 3, p. 445-459, 2012. DOI 10.1037/a0026406. Disponível em: https://doi.org/10.1037/a0026406. Acesso em: 6 mar. 2021.
- GÄCHTER, S.; SCHULZ, J. F. Intrinsic honesty and the prevalence of rule violations across societies. **Nature**, [S. l.], v. 531, n. 7595, p. 496-499, 2016. DOI 10.1038/nature17160. Disponível em: https://doi.org/10.1038/nature17160. Acesso em: 6 mar. 2021.
- HAIDT, J.; KESEBIR, S. Morality. *In*: FISKE, S. T.; GILBERT, D. T.; GARDNER, L. **Handbook of Social Psychology**. Hoboken:

Wiley, 2010. DOI 10.1002/9780470561119.socpsy002022. Disponível em: https://doi.org/10.1002/9780470561119.socpsy 002022. Acesso em: 6 mar. 2021.

Poder

- GUINOTE, A. How power affects people: activating, wanting, and goal seeking. **Annual Review of Psychology**, [S. l.], v. 68, n. 1, p. 353–381, 2017. DOI 10.1146/annurev-psych-010416-044153. Disponível em: https://doi.org/10.1146/annurev-psych-010416-044153. Acesso em: 6 mar. 2021.

Desumanização

- VAES, J.; PALADINO, M. P.; HASLAM, N. Seven clarifications on the psychology of dehumanization. **Perspectives on Psychological Science**, [S. l.], v. 16, n. 1, p. 28–32, 2021. DOI 10.1177/1745691620953767. Disponível em: https://doi.org/10.1177/1745691620953767. Acesso em: 6 mar. 2021.

Psicopatia

- SKEEM, J. L. *et al.* Psychopathic personality: bridging the gap between scientific evidence and public policy. **Psychological Science in the Public Interest**, [S. l.], v. 12, n. 3, p. 95–162, 2011. DOI 10.1177/1529100611426706. Disponível em: https://doi.org/10.1177/1529100611426706. Acesso em: 6 mar. 2021.
- POLASCHEK, D. L. L. Adult criminals with psychopathy: common beliefs about treatability and change have little empirical support. **Current Directions in Psychological Science**, [S. l.], v. 23, n. 4, p. 296–301, 2014. DOI 10.1177/0963721414535211. Disponível em: https://doi.org/10.1177/0963721414535211. Acesso em: 6 mar. 2021.

CAPÍTULO 4
Posso confiar em mim mesmo?

A primeira parte do capítulo apresenta algumas das limitações inerentes à condição humana, enquanto a segunda descreve algumas de suas potencialidades. As áreas do conhecimento mais relevantes para discutir esses assuntos são as da psicologia cognitiva, psicologia da percepção, psicologia da aprendizagem, psicologia social e psicologia clínica. Alguns termos em inglês que podem ser úteis caso queira se aprofundar são: *perception, inattentional blindness, false memories, dual process models, classical conditioning, instrumental conditioning, resilience, creativity, meaning in life* e *humility*. Alguns vídeos do Minutos Psíquicos que complementarão esse assunto são aqueles sobre sentido na vida, humildade, intuição, racionalidade, atenção, mudança de personalidade e memória. Basta procurar um desses termos lá no perfil do canal no YouTube. A seguir, há alguns trabalhos científicos, matérias jornalísticas e páginas da internet que tratam em maiores detalhes dos tópicos explorados no capítulo.

Percepção

- SCHIFFFMAN, H. R. **Sensação e percepção**. 5. ed. São Paulo: LTC, 2005.
- HADHAZY, A. What are the limits of human vision? BBC, [*S. l.*], July 27, 2015. Disponível em: www.bbc.com/future/article/20150727-what-are-the-limits-of-human-vision. Acesso em: 6 mar. 2021.

Infrassom de tigres

- HAMER, M. Tigers use infrasound to warn off rivals. **New Scientist**, [*S. l.*], May 2, 2003. Disponível em: www.newscientist.

com/article/dn3680-tigers-use-infrasound-to-warn-off-rivals/. Acesso em: 6 mar. 2021.

Espectro da esquizofrenia

- AMERICAN PSYCHIATRIC ASSOCIATION. **Manual diagnóstico e estatístico de transtornos mentais**: DSM-5. 5. ed. Porto Alegre: Artmed, 2014. Disponível em: www.grupoa.com.br/dsm-5-p990255. Acesso em: 6 mar. 2021.

Atenção

- CHUN, M. M.; GOLOMB, J. D.; TURK-BROWNE, N. B. A Taxonomy of external and internal attention. **Annual Review of Psychology**, [S. l.], v. 62, n. 1, p. 73–101, 2011. DOI 10.1146/annurev.psych.093008.100427. Disponível em: https://doi.org/10.1146/annurev.psych.093008.100427. Acesso em: 6 mar. 2021.

Cegueira atencional

- MOST, S. B. *et al.* What you see is what you set: sustained inattentional blindness and the capture of awareness. **Psychological Review**, [S. l.], v. 112, n. 1, p. 217–242, 2005. DOI 10.1037/0033-295X.112.1.217. Disponível em: https://doi.org/10.1037/0033-295X.112.1.217. Acesso em: 6 mar. 2021.

Multitarefas

- CARRIER, L. M. *et al*. Causes, effects, and practicalities of everyday multitasking. **Developmental Review**, [S. l.], v. 35, p. 64–78, 2015. DOI 10.1016/j.dr.2014.12.005. Disponível em: https://doi.org/10.1016/j.dr.2014.12.005. Acesso em: 6 mar. 2021.

- MORRISON, N. The myth of multitasking and what it means for learning. **Forbes**, [S. l.], Nov. 26, 2014. Disponível em: www.forbes.com/sites/nickmorrison/2014/11/26/the-myth-of-multitasking-and-what-it-means-for-learning/#7f5cd4f32169. Acesso em: 6 mar. 2021.

Falsas memórias

- LANEY, C.; LOFTUS, E. F. Recent advances in false memory research. **South African Journal of Psychology**, [S. l.], v. 43, n. 2, p. 137–146, 2013. DOI 10.1177/0081246313484236. Disponível em: https://doi.org/10.1177/0081246313484236. Acesso em: 6 mar. 2021.
- OTGAAR, H. *et al*. The return of the repressed: the persistent and problematic claims of long-forgotten trauma. **Perspectives on Psychological Science**, [S. l.], v. 14, n. 6, p. 1072–1095, 2019. DOI 10.1177/1745691619862306. Disponível em: https://doi.org/10.1177/1745691619862306. Acesso em: 6 mar. 2021.
- BREWIN, C. R.; ANDREWS, B. Creating memories for false autobiographical events in childhood: a systematic review. **Applied Cognitive Psychology**, [S. l.], v. 31, n. 1, p. 2–23, 2017. DOI 10.1002/acp.3220. Disponível em: https://doi.org/10.1002/acp.3220. Acesso em: 6 mar. 2021.
- SARAIVA, R. B.; CASTILHO, G. M. **Psicologia do testemunho ocular**: aplicações no contexto forense criminal. Curitiba: Juruá, 2018.

Intuição e racionalidade

- EVANS, J. S. B. T.; STANOVICH, K. E. Dual-process theories of higher cognition: advancing the debate. **Perspectives on Psychological Science**, [S. l.], v. 8, n. 3, p. 223–241, 2013.

- DOI 10.1177/1745691612460685. Disponível em: https://doi.org/10.1177/1745691612460685. Acesso em: 6 mar. 2021.
- DE NEYS, W.; PENNYCOOK, G. Logic, fast and slow: advances in dual-process theorizing. **Current Directions in Psychological Science**, [S. l.], v. 28, n. 5, p. 503-509, 2019. DOI 10.1177/0963721419855658. Disponível em: https://doi.org/10.1177/0963721419855658. Acesso em: 6 mar. 2021.
- PILATI, R. **Ciência e pseudociência**: porque acreditamos naquilo em que queremos acreditar. São Paulo: Contexto, 2018.

Vieses cognitivos

- NICKERSON, R. S. Confirmation bias: a ubiquitous phenomenon in many guises. **Review of General Psychology**, [S. l.] v. 2, n. 2, p. 175-220, 1998. DOI 10.1037/1089-2680.2.2.175. Disponível em: https://doi.org/10.1037/1089-2680.2.2.175. Acesso em: 6 mar. 2021.
- KUNDA, Z. The case for motivated reasoning. **Psychological Bulletin**, [S. l.], v. 108, n. 3, p. 480–498, 1990. DOI 10.1037/0033-2909.108.3.480. Disponível em: https://doi.org/10.1037/0033-2909.108.3.480. Acesso em: 6 mar. 2021.
- SCOPELLITI, I *et al*. Bias blind spot: structure, measurement, and consequences. **Management Science**, [S. l.], v. 61, n. 10, p. 2468–2486, 2015. DOI 10.1287/mnsc.2014.2096. Disponível em: https://doi.org/10.1287/mnsc.2014.2096. Acesso em: 6 mar. 2021.
- ROESE, N.J.; VOHS, K.D. Hindsight bias. **Perspectives on Psychological Science**, [S. l.], v. 7, n. 5, p. 411-426, 2012. DOI 10.1177/1745691612454303. Disponível em: https://doi.org/10.1177/1745691612454303. Acesso em: 6 mar. 2021.

Pensamento positivo

- WOOD, J. V.; PERUNOVIC, W. Q.; LEE, J. W. Positive self-statements: power for some, peril for others. **Psychological Science**, [S. l.], v. 20, n. 7, p. 860–866, 2009. DOI 10.1111/j.1467-9280.2009.02370.x. Disponível em: https://doi.org/10.1111/j.1467-9280.2009.02370.x. Acesso em: 6 mar. 2021.

Efeito irônico da supressão de pensamento

- WANG, D. A.; HAGGER, M. S.; CHATZISARANTIS, N. L. D. Ironic effects of thought suppression: a meta-analysis. **Perspectives on Psychological Science** (Online First), 2020. DOI 10.1177/1745691619898795. Disponível em: https://doi.org/10.1177/1745691619898795. Acesso em: 6 mar. 2021.

Mudança da personalidade

- HUDSON, N. W. *et al.* You have to follow through: attaining behavioral change goals predicts volitional personality change. **Journal of Personality and Social Psychology**, [S. l.], v. 117, n. 4, p. 839–857, 2019. DOI 10.1037/pspp0000221. Disponível em: https://doi.org/10.1037/pspp0000221. Acesso em: 6 mar. 2021.

- ROBERTS, B. W. *et al.* A systematic review of personality trait change through intervention. **Psychological Bulletin**, [S. l.], v. 143, n. 2, p. 117–141, 2017. DOI 10.1037/bul0000088. Disponível em: https://doi.org/10.1037/bul0000088. Acesso em: 6 mar. 2021.

- HUDSON, N. W.; CHOPIK, W. J.; BRILEY, D. A. Volitional change in adult attachment: can people who want to become less anxious and avoidant move closer towards realizing those goals? **European Journal of Personality**, [S. l.], v. 34, n. 1, p. 93–114, 2020. DOI 10.1002/per.2226. Disponível em: https://doi.org/10.1002/per.2226. Acesso em: 6 mar. 2021.

- HUDSON, N. W. *et al.* Change goals robustly predict trait growth: a mega-analysis of a dozen intensive longitudinal studies examining volitional change. **Social Psychological and Personality Science**, [S. l.], v. 11, n. 6, p. 723–732, 2020. DOI 10.1177/1948550619878423. Disponível em: https://doi.org/10.1177/1948550619878423. Acesso em: 6 mar. 2021.

Criatividade

- HENNESSEY, B. A.; AMABILE, T. M. Creativity. **Annual Review of Psychology**, [S. l.], v. 61, p. 569-598, 2010. DOI 10.1146/annurev.psych.093008.100416. Disponível em: http://dx.doi.org/10.1146/annurev.psych.093008.100416. Acesso em: 6 mar. 2021.

- EAGLEMAN, D.; BRANDT, A. **Como o cérebro cria**: o poder da criatividade humana para transformar o mundo. Rio de Janeiro: Intrínseca, 2020.

- FURR, N. How Failure Taught Edison to Repeatedly Innovate. **Forbes**, [S. l.], June 9, 2011. Disponível em: www.forbes.com/sites/nathanfurr/2011/06/09/how-failure-taught-edison-to-repeatedly-innovate/#3f4cc2cc65e9. Acesso em: 6 mar. 2021.

Resiliência

- SOUTHWICK, S. M. *et al.* Resilience definitions, theory, and challenges: interdisciplinary perspectives. **European Journal of Psychotraumatology**, [S. l.], v. 5, n. 1, 2014. DOI 10.3402/ejpt.v5.25338. Disponível em: https://doi.org/10.3402/ejpt.v5.25338. Acesso em: 6 mar. 2021.

- AFIFI, T. O.; MACMILLAN, H. L. Resilience following child maltreatment: a review of protective factors. **The Canadian Journal of Psychiatry**, [S. l.], v. 56, n. 5, p. 266–272, 2011. DOI 10.1177/070674371105600505. Disponível em: https://doi.org/10.1177/070674371105600505. Acesso em: 6 mar. 2021.
- BERNDT, C. **Resiliência**: o segredo da força psíquica. Rio de Janeiro: Editora Vozes, 2019.

Sentido na vida

- HEINTZELMAN, S. J.; KING, L. A. Life is pretty meaningful. **The American Psychologist**, [S. l.], v. 69, n. 6, p. 561–574, 2014. DOI 10.1037/a0035049. Disponível em: https://doi.org/10.1037/a0035049. Acesso em: 6 mar. 2021.
- KAUFMAN, J. C. Finding meaning with creativity in the past, present, and future. **Perspectives on Psychological Science**, [S. l.], v. 13, n. 6, p. 734–749, 2018. DOI 10.1177/1745691618771981. Disponível em: https://doi.org/10.1177/1745691618771981. Acesso em: 6 mar. 2021.

Humildade

- VAN TONGEREN, D. R. *et al.* Humility. **Current Directions in Psychological Science**, [S. l.], v. 28, n. 5, p. 463–468, 2019. DOI 10.1177/0963721419850153. Disponível em: https://doi.org/10.1177/0963721419850153. Acesso em: 6 mar. 2021.

CAPÍTULO 5
Como tornar os seres humanos mais felizes?

No fim do livro, foram apresentadas algumas das principais conclusões sobre como os seres humanos podem ser mais felizes, conviver melhor uns com os outros e consigo. Neste capítulo, a área mais importante foi a psicologia social, mas também foram discutidos assuntos ligados à psicologia clínica, à psiquiatria, à medicina e à astronomia. Alguns termos em inglês que vão ser úteis caso queira se aprofundar são *assertiveness, communication style, happiness, hedonic adaptation, self-monitoring, lifestyle, mindfulness meditation, self-compassion* e *self-criticism*. Alguns vídeos do Minutos Psíquicos que complementarão esse assunto são os sobre felicidade, assertividade, meditação, autocrítica e como melhora a saúde mental. Basta procurar um desses termos lá no perfil do canal no YouTube. A seguir, há alguns trabalhos científicos, matérias jornalísticas e páginas da internet que tratam em maiores detalhes os tópicos explorados no capítulo.

Felicidade

- MYERS, D. G.; DIENER, E. The scientific pursuit of happiness. **Perspectives on Psychological Science**, [S. l.], v. 13, n. 2, p. 218–225, 2018. DOI 10.1177/1745691618765171. Disponível em: https://doi.org/10.1177/1745691618765171. Acesso em: 6 mar. 2021.

- DIENER, E. *et al*. Happiest people revisited. **Perspectives on Psychological Science**, [S. l.], v. 13, n. 2, 176–184, 2018. DOI 10.1177/1745691617697077. Disponível em: https://doi.org/10.1177/1745691617697077. Acesso em: 6 mar. 2021.

- WORLD happiness report 2020. **World happiness**, Mar. 20, 2020. Disponível em: https://worldhappiness.report/. Acesso em: 6 mar. 2021.
- GRUBER, J.; MAUSS, I. B.; TAMIR, M. A dark side of happiness? How, when, and why happiness is not always good. **Perspectives on Psychological Science**, [S. l.], v. 6, n. 3, p. 222–233, 2011. DOI 10.1177/1745691611406927. Disponível em: https://doi.org/10.1177/1745691611406927. Acesso em: 6 mar. 2021.

Automonitoramento

- DEL PRETTE, A.; DEL PRETTE, Z. A. P. **Psicologia das relações interpessoais**: vivências para o trabalho em grupo. 11. ed. Rio de Janeiro: Vozes, 2014.

Assertividade

- SPEED, B. C.; GOLDSTEIN, B. L.; GOLDFRIED, M. R. Assertiveness training: a forgotten evidence-based treatment. **Clinical Psychology: Science and Practice**, [S. l.], v. 25, n. 1, e12216, 2018. DOI 10.1111/cpsp.12216. Disponível em: https://doi.org/10.1111/cpsp.12216. Acesso em: 6 mar. 2021.
- MURTA, S. G. Aplicações do treinamento em habilidades sociais: análise da produção nacional. **Psicologia: Reflexão e Crítica**, [S.l.], v. 18, n. 2, p. 283–291, 2005. DOI 10.1590/s0102-79722005000200017. Disponível em: https://doi.org/10.1590/s0102-79722005000200017. Acesso em: 6 mar. 2021.
- DEL PRETTE, A.; DEL PRETTE, Z. A. P. (2014). **Psicologia das Relações Interpessoais**: Vivências para o Trabalho em Grupo. 11. ed. Rio de Janeiro: Vozes.

Estilo de vida saudável

- WALSH, R. Lifestyle and mental health. **The American Psychologist**, [S. l.], v. 66, n. 7, p. 579–592, 2011. DOI 10.1037/a0021769. Disponível em: https://doi.org/10.1037/a0021769. Acesso em: 6 mar. 2021.

- WORLD HEALTH ORGANIZATION. **What is a healthy lifestyle?**, [S. l.] p. 1–24, 1999. Disponível em: http://apps.who.int/iris/bitstream/10665/108180/1/EUR_ICP_LVNG_01_07_02.pdf. Acesso em: 6 mar. 2021.

- SCOTT, D.; HAPPELL, B. The high prevalence of poor physical health and unhealthy lifestyle behaviours in individuals with severe mental illness. **Issues in Mental Health Nursing**, [S. l.], v. 32, n. 9, p. 589–597, 2011. DOI 10.3109/01612840.2011.569846. Disponível em: https://doi.org/10.3109/01612840.2011.569846. Acesso em: 6 mar. 2021.

- HEADEY, B.; MUFFELS, R.; WAGNER, G.G. Choices which change life satisfaction: similar results for Australia, Britain, and Germany. **Social Indicators Research**, [S. l.], v. 112, p. 725–748, 2013. DOI 10.1007/s11205-012-0079-8. Disponível em: https://doi.org/10.1007/s11205-012-0079-8. Acesso em: 6 mar. 2021.

- XU, Q.; ANDERSON, D.; COURTNEY, M. A longitudinal study of the relationship between lifestyle and mental health among midlife and older women in Australia: findings from the healthy aging of women study. **Health Care for Women International**, [S. l.], v. 31, n. 12, p. 1082–1096, 2010. DOI 10.1080/07399332.2010.486096. Disponível em: https://doi.org/10.1080/07399332.2010.486096. Acesso em: 6 mar. 2021.

Sono e saúde mental

- VEDAA, Ø. *et al*. Prospective study of predictors and consequences of insomnia: personality, lifestyle, mental health, and work-related stressors. **Sleep Medicine**, [S. l.], v. 20, p. 51–58, 2016. DOI 10.1016/j.sleep.2015.12.002. Disponível em: https://doi.org/10.1016/j.sleep.2015.12.002. Acesso em: 6 mar. 2021.

- ONG, A. D. *et al.* Positive affect and sleep: a systematic review. **Sleep Medicine Reviews**, [S. l.], v. 35, p. 21–32, 2017.
- ALVARO, P. K.; ROBERTS, R. M.; HARRIS, J. K. A systematic review assessing bidirectionality between sleep disturbances, anxiety, and depression. **Sleep**, v. 36, n. 7, p. 1059–1068, 2013. DOI 10.5665/sleep.2810. Disponível em: https://doi.org/10.5665/sleep.2810. Acesso em: 6 mar. 2021.
- GELLIS, L. A. An investigation of a cognitive refocusing technique to improve sleep. **Psychotherapy**, [S. l.], v. 49, n. 2, p. 251–257, 2012. DOI 10.1037/a0025746. Disponível em: https://doi.org/10.1037/a0025746. Acesso em: 6 mar. 2021.

Alimentação e saúde mental

- KAPLAN, B. J. *et al.* The emerging field of nutritional mental health inflammation, the microbiome, oxidative stress, and mitochondrial function. **Clinical Psychological Science**, [S. l.], v. 3, p. 964–980, 2015. DOI 10.1177/2167702614555413. Disponível em: https://doi.org/10.1177/2167702614555413. Acesso em: 6 mar. 2021.
- FIRTH, J. *et al.* Food and mood: how do diet and nutrition affect mental wellbeing? **BMJ**, p. 369, m2382, 2020. DOI 10.1136/bmj.m2382. Disponível em: https://doi.org/10.1136/bmj.m2382. Acesso em: 6 mar. 2021.
- OWEN, L.; CORFE, B. The role of diet and nutrition on mental health and wellbeing. **Proceedings of the Nutrition Society**, [S. l.], v. 76, n. 4, p. 425-426, 2017. DOI:10.1017/S0029665117001057. Disponível em: https://doi.org/10.1017/S0029665117001057. Acesso em: 6 mar. 2021.

- ADAN, R. A. H. *at el.* Nutritional psychiatry: towards improving mental health by what you eat. **European Neuropsychopharmacology**, [S. l.], v. 29, n. 12, p. 1321–1332, 2019. DOI 10.1016/j.euroneuro.2019.10.011. Disponível em: https://doi.org/10.1016/j.euroneuro.2019.10.011. Acesso em: 6 mar. 2021.

Atividades físicas e saúde mental

- DESLANDES, A. *et al.* Exercise and mental health: many reasons to move. Neuropsychobiology, [S. l.], v. 59, n. 4, p. 191–198, 2009. DOI 10.1159/000223730. Disponível em: https://doi.org/10.1159/000223730. Acesso em: 6 mar. 2021.

- REBAR, A. L. *at el.* A meta-meta-analysis of the effect of physical activity on depression and anxiety in non-clinical adult populations. **Health Psychology Review**, [S. l.], v. 9, n. 3, p. 366–378, 2015. DOI 10.1080/17437199.2015.1022901. Disponível em: https://doi.org/10.1080/17437199.2015.1022901. Acesso em: 6 mar. 2021.

- MARTINSEN, E. W. Physical activity in the prevention and treatment of anxiety and depression. **Nordic Journal of Psychiatry**, [S. l.] v. 62, p. 25–29, 2008. Supl. 47. DOI 10.1080/08039480802315640. Disponível em: https://doi.org/10.1080/08039480802315640. Acesso em: 6 mar. 2021.

Meditação

- EBERTH, J.; SEDLMEIER, P. The effects of mindfulness meditation: a meta-analysis. **Mindfulness**, [S. l.], v. 3, p. 174–189, 2012. DOI 10.1007/s12671-012-0101-x. Disponível em: https://doi.org/10.1007/s12671-012-0101-x. Acesso em: 6 mar. 2021.

- RAHL, H. A. *et al.* Brief mindfulness meditation training reduces mind wandering: the critical role of acceptance. **Emotion**, [S. l.],

v. 17, n. 2, p. 224–230, 2017. DOI 10.1037/emo0000250. Disponível em: https://doi.org/10.1037/emo0000250. Acesso em: 6 mar. 2021.

- GOLEMAN, D.; DAVIDSON, R. J. **A ciência da meditação**: como transformar o cérebro, a mente e o corpo. São Paulo: Objetiva, 2017.

Autocompaixão

- MACBETH, A.; GUMLEY, A. Exploring compassion: a meta-analysis of the association between self-compassion and psychopathology. **Clinical Psychology Review**, [S. l.], v. 32, n. 6, p. 545–552, 2012. DOI 10.1016/j.cpr.2012.06.003. Disponível em: https://doi.org/10.1016/j.cpr.2012.06.003. Acesso em: 6 mar. 2021.

- HALL, C. W. *et al.* The role of self-compassion in physical and psychological well-being. **The Journal of Psychology**, [S. l.], v. 147, n. 4, p. 311–323, 2013. DOI 10.1080/00223980.2012.693138. Disponível em: https://doi.org/10.1080/00223980.2012.693138. Acesso em: 6 mar. 2021.

Quantas espécies existem na Terra

- MORA, C. *et al.* How many species are there on Earth and in the ocean? **PLoS Biology**, [S. l.], v. 9, n. 8, e1001127, 2011. DOI 10.1371/journal.pbio.1001127. Disponível em: https://doi.org/10.1371/journal.pbio.1001127. Acesso em: 6 mar. 2021.

Quantas estrelas existem na Via Láctea

- INSTITUTO NACIONAL DE PESQUISAS ESPACIAIS. **Perguntas Frequentes**. Disponível em: www.inpe.br/faq/index.php?pai=11. Acesso em: 6 mar. 2021.

Carl Sagan

- SAGAN, C. **O mundo assombrado pelos demônios**: a ciência vista como uma vela no escuro. São Paulo: Companhia das Letras, 2006. Trad.: Rosaura Eichenberg.